G I

DESFIBRILADOR

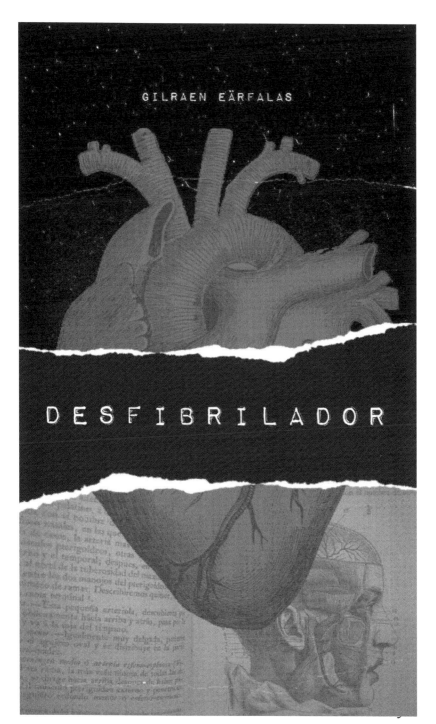

DESFIBRILADOR

Segunda edición 2020
Todos los derechos reservados ©
Título: Desfibrilador
Publicación independiente.
Edición: Gilraen Eärfalas, México.
Comentarios: miramealashojas@gmail.com
Registro: 1902280071239

Edición única en español.

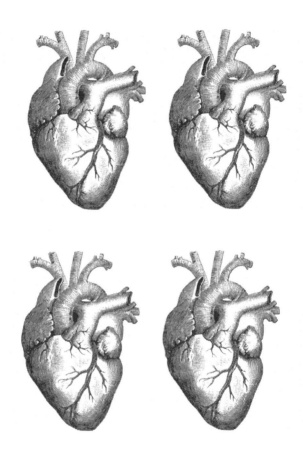

A:

Mamá, gracias a ti, por cuidar tanto mi vuelo, por dejarme caer, permitirme levantarme, sanar mis propias heridas, gracias por enseñarme a vivir una vida sin dependencias, gracias por luchar por mi libertad.

Armando, quien creyó en mí muchísimo antes de que yo pudiera verme, bien dicen que las mariposas no pueden ver sus alas, eres mi mejor amigo y esposo, no puedo estar más agradecida con Dios por ti.

Lissbeth, me hiciste creer en el amor a distancia, pues antes de ti, no creí que pudiera llegar a sentir algo tan grande y fuerte por alguien que no he tocado, pero lo nuestro atraviesa fronteras, gracias por estar tan presente como ninguna otra aun estando a centímetros. Te veré pronto.

Querido lector:

No te prometo el libro más feliz del mundo, más que un libro, es una recopilación de sentimientos e historias que, según yo, les doy el toque poético para incluirlo en una de estas clasificaciones que te piden las librerías en línea. Quizá no te saque risas, ni sea lo más reparador leer esto, no se me da la motivación y la superación personal al estilo Instagram. Esto no lo escribí sonriendo, fueron recuerdos que tenía que suturar porque estaban abiertos, con vasos desgarrados, infectándose día con día porque quería hacer de cuenta que no están. "Lo que no se habla, no se sana" por lo tanto, debía escribirlo ya que expresarme con voz, no era una opción (nunca me fue fácil hablar) y todo lo que ves, fue el proceso de curación. Cada texto fue una puntada, un bálsamo, antiséptico, curita, gasa, transfusión, trasplante y antibiótico.

Y aquí estoy, reeditando la primera edición, esperando que sea una agradable y triste charla conmigo, donde si no te ayudo a superar, al menos te ayudo a identificar qué cosas pueden estar escondidas en ese ático del aparente "olvido", digo aparente, porque cuando algo no estamos dispuestos a enfrentarlo, lo encerramos en un closet viejo o lo escondemos como polvo debajo de la alfombra, al final, "no se ve", pero allí sigue y si no hacemos algo con eso, empeora, sale o se pudre, así que, o le hacemos frente, lo tiramos o lo reparamos, pero de que algo debemos hacer, es ley.

No somos bodega, no somos tiradero, recicladores, ni nada de esas cosas insensibles.

Las apariencias engañan, el físico puede verse impecable, la casa puede estar reluciente, pero ¿Qué hay dentro de los muebles?

¿Qué pasa cuando las luces se apagan?

¿Qué hay después de la media noche?

¿Qué canciones se escuchan cuando nadie está?

¿Qué lloramos cuando no paramos de reír?

¿Qué reímos para ocultar?

Piénsalo.

¡Hola! Soy Gilraen, de eso casi puedo estar segura.

Escribo no sé si poesía o quizás es solo mi vida vista de una forma más bonita, más dramática, más triste, más terrorífica, o un poco apta para estar entre hojas impresas. La mayoría de las veces pueden ser frases deshiladas, con poca coherencia y falta de gramática, pero que le dan sentido a esta historia, mi existencia.

No tengo género así que no me etiquetes, un día puedo escribirle al amor y al otro jurarte que no existe, aunque me enamore al día siguiente.

No me compares con lo clásico ni con lo contemporáneo, escribo lo que se me venga a la cabeza, con suerte y llegan rimas, pero no suelo seguir las reglas, no, no las sé, estás en lo correcto.

Odio bailar en público, lo hago en casa y generalmente sin música (está en mi cabeza). Canto todo el tiempo, aunque tenga la boca cerrada, amo comer dulce y salado, si, al mismo tiempo. Me gustan los otoños porque los colores son cálidos, me gustan los domingos porque son melancólicos, me cae bien el número 9. Padezco sinestesia y le encuentro temperatura a la música, sabor a los colores, textura a los sonidos y color a las palabras. El amarillo-huevo me da náuseas y el sonido del tambor me causa calor.

Comencé desde los 8, en la clase de español, me enseñaron que era un poema y entre textos melosos supe que por allí se construiría un escalón, llené hojas y todas se perdieron, algunas las rompí en un momento de despecho, mi primera carta la tiraron a la basura, y en mi segundo concurso me dijeron que lo mío no servía, que me retirara y buscara otra cosa que hacer.

Mi camino se creó por accidente, abrí un blog solo para tener un borrador,
escribir cartas y no enviarlas y…

¡Mira! Aquí estás, llegaste por casualidad a un borrador en línea de una
chica
que por la mente nunca le pasó que alguien que no sea ella pudiera sentir
sus palabras, ni yo doy crédito a esto, creí que eso era de películas y libros
(Espera… ¿Esto es uno?)

No hablo mucho, pero escribo demasiado, pienso muy rápido, se me
enciman las ideas y no se me entiende. Soy bastante tímida y me cuesta
estar entre la gente, puedo ser un desastre, pero sigo mi orden. Siento
demasiado y soy sensible hasta un punto ridículo, soy buena aprendiendo
de errores, con la excepción de confiar en la gente, caigo fácilmente, pero
no es su culpa, es mía, debo ser más prudente, más consciente y no usarlos
para escribir otro texto más de decepción, a veces siento que yo misma
busco la herida.

Río, aunque esté inexpresiva la mayoría del tiempo.

Soy esa chica de la esquina de un salón, que pocas veces da su punta de
vista, no sale al receso y parece que vive en otro mundo (y es cierto, pero
shhh… nadie toma bien eso).

Tengo pocos amigos y estoy orgullosa de ello, si tuviera demasiados, a
estas alturas, estuviera preocupada.

Amo con amor, de ese raro y un poco molesto, ese que te llama por haberte
soñado inquieto, de ese amor con el que solo un escritor entiende, de ese
amor que puede hacerte vivir por siempre plasmado en palabras, hoja y
papel (en un blog en línea, a decir verdad, pero se escuchó bien ¿a qué sí?)

Dicen que algo no funciona bien en mi cabeza…
y estoy de acuerdo.

Terapia intensiva

Tengo miedo de mí,
de creer mentiras que mantengan mi corazón
con tratamiento paliativo,
de pensar que aún nos queda tiempo,
que mañana voy a despertar
y ya no sentiré este vacío en el ventrículo derecho.

He llorado tanto
y es tan raro que aún no tenga
un choque hipovolémico.

Hay metástasis en tantas partes de mi alma,
pero una tomografía
no me ayuda a localizarlas.

Sé que algo me duele,
no puedo indicarlo en ningún cuadrante
solo siento que irradia.

Tengo miedo de ti,
de que me mientas para no seguirme hiriendo,
de que sigas ligándome venas
y entonces ya no encuentre retorno,
de que solo tengas el papel de morfina
en mi enfermedad.

La muerte es inminente,
pero me haces creer

que todavía quedan 3 días más.
Tengo miedo de ti,
de que hagas con mi vida
solo datos para una historia clínica,
inconclusa,
mal redactada,
que la evolución solo sea poesía
y el diagnóstico tenga una pregunta:
¿Hasta cuándo uno decide qué es suficiente?

¿Y el tratamiento?
¡Quitar el estímulo lesivo!
«Un adjunto de hoja de referencia»
¡Qué se haga cargo otro!
Un tanatólogo que me diga que se gana con una pérdida
¿Un cardiólogo?
Que me explique cómo se vive con un corazón ajeno
aquí en el pecho.

Solo dame 11 Benzodiacepinas,
yo me ocupo del resto.

"Una persona puede estar feliz sin sonreír,
Una persona puede sonreír y estar llorando por dentro"

Auto (Amor) Estima

¿Hola? ¿Me recuerdas? ¡Nos conocimos desde hace muchos años! Casi desde que comenzaste a tener uso de razón. Recuerdo cuando eras tan chiquita y te sentías las más linda del universo, y no, no era ninguna ilusión ¡Lo creías porque era verdad! Eras tan segura en cada paso que dabas, tu vista siempre era adelante y nada ni nadie te hacía creer lo contrario.

Y yo...

Yo Siempre estuve a tu lado, en forma de una vocecita, allí, cerquita de ti, recordándote que las estrellas si andaban por la tierra y tenías tanta confianza que no importaban los días malos, pronto te levantabas con la cabeza en lo alto.

¿Ya me recuerdas? Estuve allí cada que alguien quería minimizarte. Soy la que te dijo una vez que eres más que un número en la báscula o en la cinta métrica, más que una prueba o un papel con firma.

¿En serio no te suena familiar esto? Déjame decirte más:

Solíamos ser amigas antes de que él llegara y deshilara las muchas heridas que con los años fuimos suturando. Fue poco a poco empujándome por la borda, pero quien me sacó por completo, fuiste tú, al aceptarle a él mi inexistencia, porque entonces, comenzaste a ponerte un valor limitado y lo infinito que yo te había dicho lo mandaste al carajo.

¡Entiendo, entiendo! Dices que él "Te ama y quiere lo mejor para ti" pero entonces ¡No sé qué rayos hacen tantos libros en tu estante que no fuiste capaz de reconocer la maldita mentira aun estando pintada en letras grandes!

Le creíste que eras solo un costal de carne que si poco se descuida dejaba de ser alguien. Le creíste que tu trabajo era el peor, que tus cualidades solo debían quedar como pasatiempos y que sola no llegarías lejos. Creíste todas esas cosas que antes tatuabas en tu piel diciendo «No». Sustituiste tu amor por la mediocridad y lo dejaste como nota pegada a tu memoria.

¡Mírate ahora! Tan insegura de ti, de vivir. Le ayudaste a cortarte las alas y a girarte la vida de modo que caminarás al reverso. Ahora quién se miente eres tú.

Dices que siempre fuiste así, pero recuerda cuando me aceptabas a mí ¡No digas que somos desconocidas! Que más que autoestima, siempre para ti fui «auto amor» porque de estima a amor siempre hubo una vida.

Nos conocemos muy bien.

Y quién nos separa ahora no es él, eres tú.

Tal vez me cortaron las alas, pero nunca dejaré de ser ave.

Esta noche no vas a apagar la luz

Esta noche,
déjame verte
besar cada lunar
cada cicatriz
cada centímetro de ti.

Que cada beso
sea una bandera de conquista en tu cuerpo
y cada caricia
sea un nuevo camino
que deba dejar en mapas,
porque adentrarme en ti
es correr el riesgo de perderme,
llenarme de escalofríos
por encontrarme ante la droga más adictiva
entre cada movimiento de cintura.

No dejaré que cubras tu rostro,
alejaré las sábanas
y todo aquello que puedas usar para ocultarte
que te quiero libre,
sin ataduras,
sin máscaras,
y con los ojos bien abiertos.

Esta noche déjame amarte
y hacer que te ames
sentir esa ola de éxtasis al mirar tus ojos
y el mar completo al naufragar en tu boca.

Mirar tu piel erizada
al encontrarse con mi aliento
desde tu cuello hasta el monte de Venus.

Déjame encender la luz resbalarme por esos defectos
que insistes tener,
tomar de punto cardinal tus estrías
y de señalamiento
cada marca que te ha plasmado la vida.

Dile a inseguridad que al irse cierra la puerta,
que esta noche
quiero que seamos dos.
Tocarte como quien lee
los mejores versos en braille,
pero esta vez,
no a ciegas
porque hoy el interruptor se queda arriba.

También tú...

Si quieres.

Autopsia de un poeta

Llegó un nuevo cadáver y eso no era raro, todos los días recibo decenas, abro y cierro anotando la causa de su muerte, mi ordinaria rutina, pero esta vez, la chica que lloraba afuera esperando respuestas me gritaba
— ¡Cuidado, es poeta!

Pero ¿Qué tendría de diferente? ¿Qué relevancia tiene un oficio donde solo utiliza papiros y tinta? Es carne, sangre, todo en estado descomposición, pero hay que escuchar la advertencia, que nadie te advierte por nada, lo aprendí tarde…
pero lo aprendí.

Lo abrí, y también fue similar a haberlo hecho años atrás con la caja de Pandora, porque aún sin circulación, brotaba tinta negra y se escuchaban palabras en el viento, que juraría componían el poema más triste. De mis dedos entraba una melancolía inexplicable, mis ojos se irritaban como si aquello fuera cenizas esparciéndose por la morgue.

En efecto, era diferente, no solo era otro cuerpo, sino el de uno que poseía el arte de las letras, que entregó su vida a dejar sus fantasmas entre cartas, era el cuerpo de alguien que lleva sobre su cien, las lágrimas de quizá mil personas, mil y una personas incluyéndome.

La habitación no olía a sangre, olía a lamento, juraría aún se movían sus manos.

La muerte enferma de melancolía también se rehusaba a llevárselo. Kronos pisaba el reloj con toda rabia por detener el tiempo.

¡Maldita la hora en que sucedió esto!

Desaparece del mundo la única oportunidad de cambiar balas por letras,
la única oportunidad de hacer que un niño tome un lápiz y no un arma.

Desaparece la única forma verbal de explicar que piensa el corazón, no
es un muerto más es un poeta menos y no sé cuántos quedan ¡Oh, Dios!
¿Cuántos quedan?

Solo tú sabes cuántos están en decaída,
solo tú sabes la fecha en que la tecnología va a reemplazarlos,
algún programa como esos que ahora sacan música con una tecla.
¿Qué carajo sabrá una máquina de manifestaciones entre el latido y la
razón?

Y observé el tórax, toqué el corazón, allí, la fractura culpable de que todo
el cielo llore y las estrellas griten un lamento.

Todos mis libros,
todo lo que sé,
totalmente contradicho,
tenía lesiones que no pertenecían a ninguna patología,
a ninguna otra cosa que haya visto antes,
y esta era la causa,
esta era la p*ta razón,
porque si había crimen,
en esta aparente "escena de suicidio"
era homicidio sin mano encima,
murió de algo que no tiene tema de relevancia en las sesiones
académicas.

Murió por la única razón por la que podía seguir vivo.

—Ten cuidado— Me dijo aquella mujer.

¡Déjame que me ría! Cuidado debías tener tú.

No lo mató la depresión, ni sus letras, ni la sobredosis de Risperidal...

De amor si se muere.

Pd. Gilraen, he resuelto tu duda.

Lo tuyo no era amor, era pasatiempo, cursos intensivos de amor exprés.

Besos que dan explicación

Dime
¿Cómo pudiste tener el valor de besar a alguien más y regresar a mí?
Traías los brazos de otra mujer,
el aroma impregnado de su perfume en tu camisa
y aun así fuiste capaz de recostarte en nuestra cama
y fingir que no sucedió nada.

Dime
¿Qué puedo hacer para tener el corazón tan frío como el tuyo?
Que necesito bajarle la temperatura a lo que siento,
volverme de metal y que deje de importarme la tormenta
que creas al no hablarme con la verdad.

Dime
¿Cómo le hago para olvidar tantos años en cinco minutos?
Así como tú te revuelves en la vida de alguien que poco ha dado por ti
dejando en la basura los años que te di,
derribando muros, volando sobre océanos,
esquivando flechas y todo por creer que entre nosotros estaba la X

que todos los mapas señalan.

Dime
¿Qué se siente herir a quien más te ha amado?

Dejarme a la expectativa de lo que tu ausencia me obligue a hacer,
irme con maletas o hacer las tuyas y dejarlas a la puerta,
decirte adiós sin pedir explicación,
que los besos en tu camisa con aquel labial rojo olor a plomo
ya me han dado todas.

No te quiero de vuelta,
no te confundas,
solo contéstame si valió la pena.

Échame la culpa

Échame la culpa de tu inseguridad,
de tu cambio de humor, de tus kilos menos.
Échame la culpa de tus insomnios,
de tus nuevas arrugas.

Échame la culpa de tus enojos,
de tu odio por los hombres,
de tu desconfianza,
el miedo de volver a amar.

Échame la culpa de tu mal carácter,
tu frialdad, tus errores, los amigos que perdiste,
tus mal pasadas, tu nueva cuenta de Facebook.

Échame la culpa de tus trastornos,
del tiempo perdido,
tu Paroxetina diaria,
tu baja autoestima,
de contaminar el ambiente al quemar las fotos.

Échame la culpa de lo que quieras
¡Tú decidiste amarme sin siquiera amarte!

Yo nunca te rompí el corazón,
te lo rompiste tú.

Te van a herir el corazón

Te van a herir el corazón,
dolerá mucho,
traerá consigo algunos días de insomnio,
quizá no quieras comer por algunas semanas.

Te van a herir el corazón,
llorarás unos cuantos litros de lágrimas,
quizá no salgas a divertirte en un tiempo,
por un momento creerás que el amor no existe
y que todas las personas son iguales.

Te van a herir el corazón,
te costará conocer a alguien nuevo,
desconfiarás de toda promesa que escuches,
la frase "Por siempre" tendrá para ti otro significado
y preferirás alejarte de todo aquello que presientes que traerá dolor.

Te van a herir el corazón,
te será más difícil decir un "Hola"
cuando ahora sabes que en un tiempo
eso puede cambiar a un adiós.

Ahora sabrás que nadie es indispensable,
que todos pueden irse en cualquier momento,
que el depositar tu confianza
es proporcional a dar un arma especializada
en lanzar balas hacia a ti
sin importar la distancia.

Te van a herir el corazón, una,
dos, tres veces o más,
una siempre más dolorosa que la anterior,
las mentiras progresan junto con la tecnología
y cada vez se hacen más expertas en parecer verdad,
lograrán hacerte caer
¡No importa cuánto lo evites!
¡Te van a herir el corazón!

Pero, no es el fin,
te vas a levantar,
lo vas a reparar y si,
vas a volver a amar.

Perdóname

Perdóname, por todas esas veces que he fallado mis promesas.

Perdóname, porque no te he dado la atención que mereces.

Perdóname, porque sé que los besos que te he dado no han sido suficientes.

Perdóname, porque ha pasado tanto tiempo desde la última vez que te di una rosa.

Perdóname, por todas esas veces que he esperado a que tú me busques primero después de una discusión.

Perdóname, por recordarte cosas que te dije que ya había perdonado.

Perdóname, por no te demostrarte mi amor lo suficiente.

Perdóname, porque sé que no coinciden mis palabras con mis actos pero te juro que te amo.

Perdóname, por no haber estado ese día que tanto me necesitabas.

Perdóname, porque sé que fui el responsable de muchas de tus lágrimas.

Perdóname, por celarte algunas veces cuando sales con amigos.

Perdóname, por tantos planes que he aplazado.

Perdóname, por no decirte lo mucho que vales para mí.

Perdóname, por no decirte lo hermosa que te veías en la mañana.

Perdóname, por no hacerte saber que si noté que cambiaste de perfume.

Perdóname, por las veces que te he mentido.

Perdóname, por tardar tanto en abrir mi corazón.

Perdóname, por no llevarte a cenar en nuestro último aniversario.

Perdóname, por no hacerte sentir hermosa.

Perdóname, por no dedicarte canciones.

Perdóname, por no darte ayer las buenas noches.

Espero no sea demasiado tarde para decir todo esto, por favor...

No quiero perderte.

Tan hermosa aun con sus ojeras, su cabello despeinado y sus cien bostezos, porque sé que el responsable de todo eso, es un sueño (esos que se cumplen durmiendo un poquito menos).

Cuando me hablan de ti

Cuando me hablan de ti es como si una bala me atravesara las sienes
y otra me atravesara el tórax.

Un frío me recorre de pies a cabeza
así estemos a 38 grados centígrados afuera,
me pongo toda diaforética
porque si por mi fuera,
te borraría sobre la faz de la tierra
para no tener que escuchar tu nombre,
ni sobre lo mucho que has cambiado
o que sigues caminando por el andador de la mano de tantas
que no soy yo.

¡Y no sé qué afán de la vida por nombrarte
cada vez que estoy segura de que has dejado de dolerme!

Quisiera preguntar más y tengo que morderme los labios
para no dejar ver ante la gente como sigues teniendo poder sobre mi
gesticulación y mi frecuencia cardiaca.

A veces, quisiera sonreír,
porque a pesar de lo mucho que me dañaste
y lo que quisiera también hacerlo,
no sería capaz,
pues en la balanza gana más esa tarde
que entre bromas lograste hacerme ver figuras en las personas
y no en las nubes
que la madrugada donde te despediste

sin darme explicación alguna,
aunque yo las supiera todas.

No guardo rencor por el hecho de que te fueras,
más bien fue el que decidieras hacerlo de madrugada
¡Tanto te había repetido que de madrugada todo duele el doble!
Y parece que te di ideas para darme por completo el golpe.

Cuando me hablan de ti…
solo me queda fingir que no me importa
que has quedado atrás y que el tema no me es relevante
porque quiero que cuando sepas de mí
también lo creas y sientas este dolor de hacerte el loco,
que no quieres saber nada,
cuando por dentro mueras por saberlo todo,
porque te digan si sigo tomando el café más amargo
o si por fin decidí cortarme el cabello.
Quiero que te contengas las preguntas como yo ahora,
que luches por no parpadear para que se te sequen los ojos
no sea que por accidente se suelte una lágrima.

Ojalá preguntes si ya encontré el secreto para el olvido,
sí he vuelto a amar
y espero te mientan que sí,
para que jamás se te cruce por la cabeza volver a buscarme,
 porque por mucho que yo lo quiera
debo seguir averiguando
cuanta vida hay después de ti.

Hoy no quiero ser fuerte

Hoy no quiero ser fuerte,
hoy déjame caer,
quiero llorar hasta
que mi piel se haya quedado seca.

Hoy quiero sentir que no importa si me levanto o no.
Hoy quiero ser pesimista,
sentirme derrotada,
pequeña, frágil,
que todo está al pendiente de un risco.

Hoy quiero desear que la tierra se abra
y me succione.
Hoy quiero darme por vencida.
Hoy sólo quiero quedarme dormida.

Por favor,
hoy no me detengas,
estoy cansada.

Hoy...
No quiero ser fuerte,
sólo hoy,

mañana ya no.

*(A veces también se sana dejando de ser fuerte,
Solo un poquito)*

"Abrázame que mi corazón necesita escuchar al tuyo"

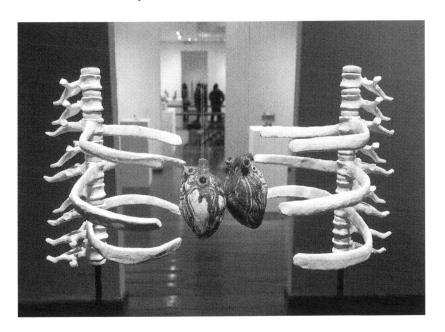

Esdrújulas y agudas que no son tan graves

Quédate,
no hay porque salir de las sábanas.
Hagamos la excepción a la rutina,
platícame aquí desde la almohada,
unamos las líneas que juegan los lunares,
que estoy segura de que mi constelación
se encuentra en tu espalda.

Recítame lo que leíste anoche,
camina entre mis pupilas,
corre por mi piel,
sóplame el cuello,
erízame la vida.

Escríbeme palabras desde el inión
hasta mi quinta lumbar.

Baila entre mis clavículas
y escala por el esternocleidomastoideo,
de paso,
susúrrame un cuento,
de cómo pterion prepara un vuelo
para encontrar a asterion,
llevarla por bregma,
caer en nasion
y resbalarse hasta dacrion,
háblame de cualquier punto craneométrico,

pero no olvides besarlo cuando lo encuentres.

Escúchame,
sé mi noche este día,
apaga las luces,
escríbeme esdrújulas:
Página, mágico, océano, utópico

No me importaría si escribes una grave,
podría ser aire,
tu noche, un verano, un invierno.
Porque quiero ser todas esas palabras
que decimos,
pero no conocemos,
y si escoges una aguda
que sea sin tilde,
tal vez amor y no olvides hacerlo.

Te llevaré al cielo
y no te preocupes,
que de la habitación no saldaremos,
la esencia de tu piel
quedará en cada centímetro de mi cama,
de la alfombra,
de la mesa
y si la oscuridad es solidaria
en la ventana.

Quiero ser testigo de cada gota de tu frente,
de tu tórax,
de tu surco nasolabial
y volverlo a besar como si no lo hubiera hecho
la madrugada entera,

porque cada beso es una bandera en tu territorio lunar,
conquistado por mí.

Descubrirte es toda la misión
que me encomiendo en esta guerra tibia.

Hacerte mío es la forma de pedir tregua a las 5 am,
aunque esto no acabe aquí
que mañana hay otra oportunidad
para comenzar la tercera guerra mundial en tu vientre
y encontrar la paz en tu quinto espacio intercostal.

Por ahora,
mis sueños de recorrer el mundo
quedan aplazados hasta que recorra tus vértebras
una y otra vez en tiempo récord
y logre convencerte de que te vengas conmigo...

y a recorrer el mundo también.

Cuéntalo…
Hasta que ya no duela.

Aprendiendo a estar sola

¡Me cansé! ¡Ya no puedo más! Me encuentro entre café, hojas, benzodiacepinas, despedidas y recuerdos.

He estado dándole un repaso a mi vida y...
me perdí.

Estuve haciendo cosas que no quiero, saliendo con la gente equivocada, en los lugares erróneos.

Dejé de tomar café y tocar el piano, incluso perdí a propósito aquel suéter ridículo color rojo que tanto me encantaba.

Cambié mi manera de hablar, mi opinión, mis principios, por darle gusto a los demás, para no llevar la contraria.

Me he olvidado de mí y lo que quiero.
Me desconocí, pues arrojé al abismo todo lo que me hacía ser yo «por agradar, quedar bien, ser parte de algo» porque la soledad no era una opción en mi vida.

Desde pequeña, siempre escuché que debía buscar ser aceptada, hacer lo que veía para pertenecer en algo. La palabra "Rara" me la han dicho tantas veces que he perdido la cuenta ¿Acoso escolar? ¡Para qué les cuento!

"Sigue la corriente" me dijeron, y todo ¿Para qué? Para que alguien más pudiera sonreírme, amarme, hablarme o simplemente mirarme.

Tuve que cambiar tantas veces mi manera de vestir, dejar de escuchar aquella música ruidosa que tanto me encanta para evitar ser la extraña, la chica del fondo que nadie se le acerca.

Llegué a tomar algunas bebidas amargas para tener algunas pláticas las cuales detesté hasta el último momento, pero estaba "acompañada" y con eso me basta, pensaba.

Di mucho tiempo, decía "Si" cuando quería gritar "no", me tragué las lágrimas, pedí perdón a quien nunca dañé, y aún allí, rodeada de gente... no tenía a nadie.

Toqué fondo cuando mi voz interior también se trastornó, había una múltiple personalidad en mi subconsciente, tenía miedo de escuchar risas, volver a ser señalada. Tenía 3 máscaras sobre mi piel. Me ahogaba mi recuerdo, la soledad estaba en mi puerta.

"Elígete a ti" me escribía en cartas;
le respondí, quemé las caretas, la deje pasar, la conocí y me encontré a mí.

¿El final? Aquí estoy...
sola,
pero jamás me sentí tan acompañada.

Aun hablando el mismo idioma
dejé de entenderte,
tu voz decía "te quiero"
pero tus labios decían
"No es cierto"

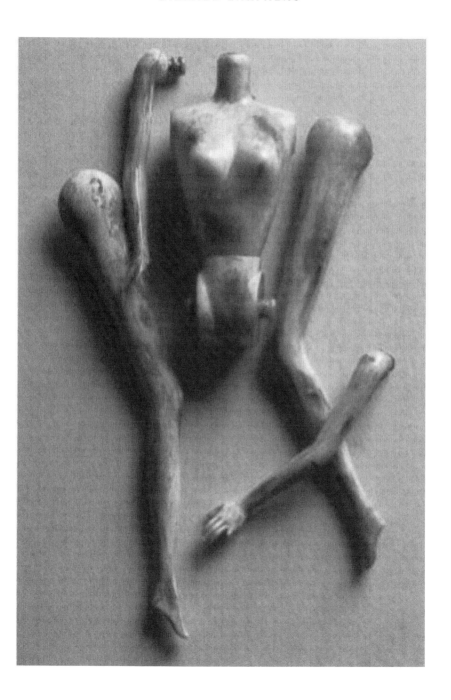

Mamá, si un día desaparezco, no les creas.

Mamá, si un día desaparezco, no les creas.
No, no me escapé con "el novio".
No, no vendía droga ni estaba metida en cosas ilegales.
No, no era novia, ni acompañante de ningún narco.
No, no me escapé para llevar una vida sin reglas.

Mamá, si ya no vuelvo a casa,
no creas lo que la gente dirá,
no creas lo que dirá la T.V, ni la radio, ni el internet
¡Todos me culparan a mí!
Dirán que yo vestía de manera indecente,
dirán que me vieron tomando unas copas el viernes,
dirán que yo me subí a un coche con varios hombres,
dirán que yo buscaba dinero estando con mayores,
dirán que yo salía de noche,
me culparan por haber ido a bailar,
por caminar sola,
por no llevar falda a los tobillos,
por usar maquillaje,
por ser extrovertida,
por ser mujer,
por no gritar,
por no defenderme ante 3 hombres,
todo el mundo dirá que violaron,
golpearon,
mataron a "Una puta más"

porque:

"Una mujer decente" está en su casa siempre,

"Una mujer decente" no usa maquillaje porque puede provocar miradas,

"Una mujer decente" no habla con muchos hombres

"Una mujer decente" no toma una copa

"Una mujer decente" es sumisa, cabizbaja ¡No le vayan a ver la cara!

Mamá, la verdad es que, si ya no vuelvo,

seguro estarán explotando mi cuerpo como objeto de servicio,

seguro estaré lejos como juguete de un depravado,

seguro estaré de incubadora pariendo hijos para comercio,

seguro estaré de esclava en un sótano realizando tareas abominables,

seguro estaré en una página de internet siendo subastada,

seguro estaré en un quirófano clandestino

a punto de perder la vida para darle un riñón

a un millonario con insuficiencia renal,

seguro estaré bajo tierra, en una bolsa, alguna caja,

como escoria, como basura.

Mamá: escribo esto para hacerte saber que yo jamás me iría sin avisar,

jamás apagaría el teléfono para evitar que me llames,

jamás me iría de ti dejándote con el corazón roto.

Mamá si ya no vuelvo, no les creas.

Nota: Seguro que muchos de ustedes leyeron o escucharon este texto después del vuelo que arrancó en redes desde hace más de dos años, convirtiéndose en gran punto de crítica y burla, llamándolo "exagerado" "fantasioso" "dramático". Incluso hasta se han burlado de distintas maneras usando "Si desaparezco no les creas", cuando es algo serio esa frase, no podemos seguir burlándonos de todas aquellas que han perdido la vida por nada, por ser guapas, por ser mujeres, por ser trabajadoras, por estar solas, porque llevaban un short porque hacía mucho calor. No hay motivos, ninguno. Pero, el hecho de que mucha gente no tome tan en serio esto me hace pensar que no todos han conocido el lado malo de la humanidad y me parece estupendo, pero, por otro lado, también está mal el ignorarlo, porque existe y es más común de lo que pensamos. El texto, lo escribí por mí, porque un día por poco y no vuelvo a casa, por poco y termino siendo una chica más de aquellas que encuentran debajo de un puente o entre escombros, con su fotografía entre las paredes diciendo "¿La han visto?".

Sé sincero ¿Qué hubieran dicho de mí al ver mi rostro entre esas fotografías?

"Que yo me lo busqué" "estaba a altas horas de la noche" "mi falda era corta, traía maquillaje" "los padres que la dejan salir" etc, etc.

Parece drama, parece película, pero es anécdota.
Hoy en día, cuando cuento lo que me sucedió, escucho esas frases y eso que sigo viva, todavía recibo mensajes en las redes de odio diciendo que seguro me lo busqué,

Si hubiera muerto, no imagino lo que le dirían a mi madre.

Me dijo que yo era el amor de su vida
(Él no era el mío)

Lo quería, no puedo negarlo, le tenía un cariño infinito, era un hombre que no pertenecía a ningún molde, parecía que había sido tallado independientemente a todos; lo más parecido a no pertenecer a este mundo.

Por él yo tenía una postura defendiendo que no todos los hombres son iguales, porque a su lado todas las cosas inimaginables cobraban vida, entregaba amor como jamás imaginé que se podía, dejaba ese aroma cálido en las sábanas, donde automáticamente te resguardaba y los sueños estaban ahora en cada pliegue de la almohada.

Me entregó toda configuración de su corazón, dándome el poder de hacer, deshacer, reiniciar o reprogramar lo que me diera antojo «Era mío» me lo repetía cada noche; Era feliz de pertenecerme, sus ojos me pedían a gritos envolverlo, me amaba sin palabras, sin tiempos, sin excusas.

Pero yo...

Yo no lo amaba, nunca pude hacerlo ¡Lo intenté¡¡Juro qué lo intenté! Me esforcé día a día, yo creí que con el tiempo podría llegar a amarlo, pero solo crecía en mi remordimiento y mis intentos solo resultaban ser una actuación de bajo presupuesto.

"Quédate con quien te ama"

Es el consejo más imbécil que me han dado en la vida, lo único que resultó fue esto: un corazón conforme y otro al borde de un colapso.

El mío era el segundo, no podía seguir en una vida errónea y desde luego él tampoco merecía conformarse con alguien que podía ofrecerle tan poco.

Allá afuera, en algún lado debe estar la persona para él, pero no soy yo, y no quería seguir usurpando el lugar donde debe estar alguien más.

— Eres el amor de mi vida —Me dijo antes de cerrar la puerta.
— Pero tú no eres el mío.

Me trazó una sonrisa y me deseó la mejor de las vidas. Allí comprendí qué, Amar es libertad y no aprisionar, amar es estar dispuesto a aceptar cualquier camino que el otro pueda escoger, aunque tú no estés en él. Porque amar es sin condición, sin tratados de tiempo, sin firmas en papel.

Antes de amar debes saber que no siempre te van a corresponder.

Amar no duele, Querer sí.

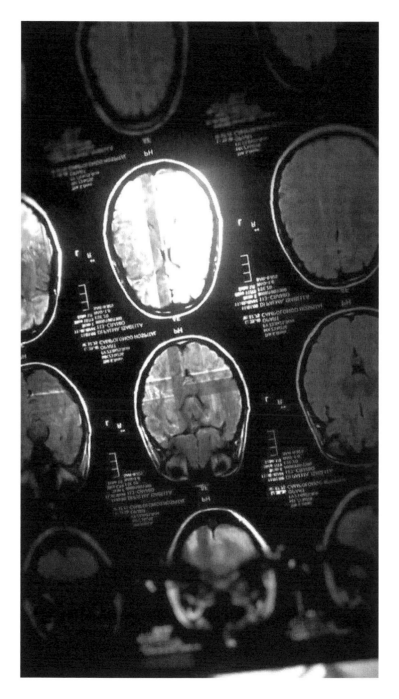

El insomnio me está cobrando con intereses
las cosas que nunca te dije.

Tu peor error

¿Fui tu peor error?
Siempre que el mundo te daba la espalda,
cuando todo se te venía encima
yo estuve contigo.

Veía la manera de sacar tiempo que no tenía por ir a tu lado,
por evitar que una lágrima cayera de tus ojos,
porque no concebía la idea de que te desahogaras sin un hombro.

¿Fui tu peor error?
Yo que guardé tus secretos
desde los más sanos
hasta los más perversos
¡Nunca te juzgue!
Siempre te escuché
y cuando tus ideas eran algo descabelladas
con todo mi amor te decía lo que creía mejor para ti.

Dañarte nunca fue una idea que pasara por mi cabeza,
pero siempre traté de decirte la realidad
por muy cruda que fuera,
sabiendo que podía lastimar,
pero siempre preferí hablar con la verdad
a maquillar palabras vacías.

¿Fui tu peor error?
Recuerdo haberte escuchado reír un sin fin de veces
mientras me decías que conmigo

te sentías libre y podías ser realmente tú
sin fingir apariencias,
o sentir algún temor a ser juzgada.

¿Fui tu peor error?
Si aún tengo la carta que habla sobre el agradecimiento
que sientes de que yo haya llegado a tu vida,
esa carta donde tus letras un poco chuecas
me expresaban lo mucho que había impactado mi presencia en tus días;
tu ánimo era mejor y sonreías más a menudo
¡Me rehúso a creer que eran mentiras,
simplemente una emoción pasajera o un desahogo momentáneo!

Quizás tú ya tenías previsto la caducidad de todo
y solo fui una polea en el camino
que pisaste para agrandar tu vanidad o tu ego
al sentir que tenías la capacidad
de con palabras hacer de un corazón pedacitos.

¿Fui tu peor error? ¿Estás segura?
Aun poniendo en la balanza las incontables cosas que di por ti,
poniéndote siempre en primer lugar
renunciando a lo que yo quería por verte feliz,
 pues creí que todo valía la pena tan solo por verte sonreír.

¿Fui tu peor error?
Alguien que nunca te dejó caer
así pusiera sus manos para que entre los charcos pasarás,
que sacaba fuerzas y valor de lo poco que en la reserva quedaba
para que tú nunca bajaras la mirada.

No mi amor...

Tú fuiste mi peor error.

Me despido de ti
(por onceava vez)

Sé que, no es la primera vez que te digo adiós y seguro piensas que no va a ser la última y que esta es otra amenaza más en las que digo que me voy, pero al caer la noche sigo aquí.

Si me he quedado, no es porque me falten motivos, te juro que, si los escribiera, se haría una lista tan larga que llegaría hasta la siguiente cuadra, pero lo que me ha detenido es uno: creer que el hombre del que me enamoré sigue escondido allí, detrás de algún ventrículo de tu corazón ¡Me niego a creer que ese hombre ha dejado de existir! Con él, conocí todas esas cosas que creí imposibles, tiré las máscaras, defendía la existencia del amor en cada debate de esos que surgen después de tres cervezas.

Ahora… ¿Cómo me explico que ya no existe? ¿Cómo desecho todo eso en lo que yo creí?

Las personas cambian, sé que no echamos raíces al piso para permanecer en un sitio, pero ahora eres alguien que no conozco, tu rostro es el mismo, el armario también, pero tú...
No eres tú y eso me hace sentir que yo tampoco puedo ser yo.

Ahora solo somos un recuerdo, recuerdo del que yo quiero seguir aferrada que puede volver cuando ya se ha desvanecido veranos atrás, como esas canciones viejitas que no tienen un fin definido y van desapareciendo poco a poco hasta que dejas de escucharlas, así como dejé de escucharte a ti.

No me percaté cuando se trazó una línea en la habitación, una barrera entre tú y yo, donde aun hablando el mismo idioma, no podía entenderte así que solo recurrí a quererte, pero solo querer no es suficiente.

"Somos dos desconocidos que se conocen cada rincón del alma".

Todos esos suspiros profundos por las madrugadas, las carpetas secretas de Word y el historial de canciones culposas del reproductor.

«Fuimos» no más, porque ya no estás, y yo tampoco debería, porque si sigo amando a un fantasma, terminaré solicitando un exorcismo que me libre de tu recuerdo porque parece tener voluntad propia, llega a desordenar lo poco que voy construyendo y vuelvo a quedar tendida de un hilo, con un desequilibrio emocional, lesiones mentales y otra taza de café doble.

Si algún día decides volver...

No dudes en llamarme,
pero te advierto que no contestaré.

Adiós (por onceava vez)

No sé tú, yo me coso
las heridas con poemas

Sin anestesia

Olvidémonos de las palabras derivadas del opio,
deja de preocuparte si la verdad me va a quemar,
que la espera y las dudas
ya han hecho suficiente para escocerme los nervios.

La distancia entre nosotros
ha sobrepasado los siete mares y te tengo delante de mí.

Hace tiempo que ya no estás
y me he torturado las ganas de preguntarte
si te paseas en la imaginación de la vida de alguien
que ya no lleva mi rostro.

Dímelo,
no busques agregarle barbitúricos
a lo que vas a decirme,
para el dolor tiene tanto que dejé de ser cobarde.

No me digas que no estás seguro,
que lo estás dudando,
o que necesitas pensarlo
que eso es igual a estar con un pie fuera de la puerta
y las decisiones entre algo más y yo
siempre te he dicho
que evidentemente no hay más que decidir,

simplemente no soy yo.

Baúl de granadas

He aprendido a no guardar mis emociones,
así sea dolor, llanto, frustración o coraje;
De no expresarlas quedarán en algún lugar de mi alma,
almacenándose una sobre otra.

Todo tiene un límite
y cuando no queda más espacio
¡Salen de las peores maneras!
Como una explosión masiva de juegos pirotécnicos
la cual no te avisa fecha ni hora
y entonces me lastimo más yo
que lo que ya me ha hecho el exterior.

No somos una caja sin fondo,
que tú cerebro lo haya olvidado
no significa que tu alma lo haya desechado.

Un día llegará la flama que desatará tu pila de granadas
y el final… ¿Para qué te lo cuento?

Tú lo sabes.

"Dicen que recordar es volver a vivir,
pero también es morir despacito"

Máscaras

Siento un poco de lástima por aquellos que cambian para ser aceptados por alguien más. Tan solo imagina lo triste que es tener que dar una cara distinta a la que eres en casa, tener que usar otras palabras, ir a lugares que no quieres, fingir otros gustos, alejarte de la gente que te aprecia tan solo para agradar a unos cuantos, para recibir sonrisas hipócritas de gente que solo exprimirá lo poco que queda de ti, sabiendo que aceptarás, pues demuestras el miedo que te da sentirte sin nadie.

Ponerte la máscara del personaje que los demás esperan que seas es similar a ir por el mundo aguantándote la respiración, tarde o temprano soltaras el aire.

¿Crees que todos ellos son tus amigos?
¿Crees que eso es lo que mereces?
¿Fingir todos los días por un poco de compañía?
Que, a fin de cuentas, te hace sentir como comenzaste...

Solo.

— Me da un café, cargado de verdad y dos cubitos de recuerdos, por favor.

Cuarto de choque

Llevo tanto tiempo buscándole pulso a esto,
pero cada vez está más frío,
más pálido,
no siento su aliento
y el monitor sigue en cero.

Ni la compresión más fuerte hace que esto vuelva latir.
Ya he pasado la tercera dosis de adrenalina,
no sé si han pasado 25 minutos,
un mes o más de un año tratando de revivir algo que no responde
a ningún estímulo.

Debo darme por vencida,
no está mal dejar de luchar por algo,
no es cobardía,
es valentía
dar el primer paso y desconectarlo,
no es eutanasia,
es asesinato,
tú, el único culpable.

Cariño,
tengo que ir a la floristería,
le enviaré flores a nuestro amor,

es obvio que ya murió.

Mi héroe se fue
(carta a un papá ausente)

Mi héroe se fue...
Aquel que prometió protegerme,
aquel que me decía que era su princesa,
aquel que alguna vez hizo de sus brazos el mejor lugar para descansar.

El hombre más perfecto que mis ojos vieron,
se fue.

Un día tomó las maletas
y cerró la puerta sin regresarme a ver,
un viaje, seguro se fue de viaje «pensé»
pero esa puerta nunca más la volvió abrir.
Cada tarde la miraba con la ilusión de escuchar el coche
y pasaban tantos,
 pero nunca el de él.

Mamá nunca supo cómo decirme que papá no iba a regresar,
pero tarde o temprano lo tenía que descubrir
y las razones también.

Mi héroe se fue...
Se llevó su ropa, sus objetos de valor,
y me olvidó.

Si el primer hombre en romperme el corazón fue papá
¿Qué puedo esperar de los demás?
¿Cómo creer en el amor, si él mil veces me dijo que me amaba
y aun así me olvidó?

¿Cómo creo en la lealtad, cuando me juraba con mano en el corazón
y me traicionó? ¿Por qué?
¿Yo era el trato para rechazar que otra mujer le vino a proponer?

Mi héroe se fue...
Han pasado tantos años
y nunca volvió a llamar,

Confieso que, aunque perdí toda esperanza,
algunas veces regreso a ver aquella puerta
y veo a esa niña con las ilusiones desgarradas en la mano
pensando que papá está de viaje,
sin saber que no compro boleto de vuelta.

Mi héroe se fue...

Se quitó la capa,
tiró la espada,
porque nunca fue héroe,
nunca fue príncipe,
todo el tiempo fue un villano,
el líder de los monstruos del armario.

Siempre soy la mala de la historia

Siempre soy la mala de la historia, de eso ya estoy acostumbrada. He insultado a personas sin haberlas visto, he traicionado a algunas otras sin conocerlas. Le he mentido a más de 20 y sigo sin recordar la última vez que les hablé. He dañado de gravedad creo a 6 y, a decir verdad ¡Desconozco mi crimen!

Créeme, no me hago la loca, pero si vinieran a recordármelo ¡Juro que lo agradecería! Ya que no sé si el Alzheimer se me ha adelantado o tengo una personalidad múltiple, un doble malvado al acecho de mi vida.

Rompí un corazón ¡De eso si soy culpable! Pero la historia que él cuenta es muy diferente, si quieres no me hagas caso que suelo ser olvidadiza y nada más porque mi cabeza está unida al cuello es que aún no la he perdido.

Sé que soy la protagonista de muchos cuentos y no precisamente soy la princesa en aprietos o la heroína que el pueblo ama, siempre me toca ser la villana y la última a la que le dan el libreto. Siempre soy la criatura más abominable del texto, la peor persona, ¿Por qué?

Por no quedarme callada,

por alzar la voz ante lo injusto,
por poner en primer lugar mis sueños,
por no dejarme humillar,
por nadar contra corriente,
por no ser sumisa,

por decir lo que pienso,
por confesar mis errores,
por ser honesta,
por no esperar su aprobación,
por disfrutar de mi cuerpo,
por ser todo lo contrario,
por no seguir al rebaño
¡Yo no soy ganado!

Prefiero ser el monstruo, la villana,
la peor persona,
pero siempre me voy a elegir a mí
antes que a todos.

DESFIBRILADOR

Te odio,
como jamás pensé amar a alguien.

La escala del dolor
(del 1 a ti)

Aun si comprara un boleto de avión que me lleve del otro lado del mundo, a millones de kilómetros, jamás podría estar lo suficientemente lejos para que dejes de dolerme. El viento se acostumbró tanto a escuchar tu voz que la trae de consigo cada vez que creo olvidarla y vuelve a dolerme como si no me hubiera dolido antes. La escala del dolor debería modificarse y el punto máximo debería ser tu nombre, que de solo trazarlo en el aire se me hace un nudo el pecho.

Debo dejar de escribirte poesía, son las cuatro de la mañana, ni siquiera encuentro nada que rime contigo y no hablo de palabras, no puedo ni seguir la gramática, por eso opté por un verso libre, no tan libre como yo quisiera porque sigue siendo tuyo.

Me encuentro a cinco centímetros de escuchar tu voz y me falta el valor de pulsar las teclas, y el minutero haciéndome presión mientras avanza hacia el minuto treinta gritándome que dentro de poco amanece y entonces, será otra madrugada más que te dedico sin quererlo y tú sin saberlo.

Te juro no es orgullo, podría asegurar que es miedo, porque así tuviera el valor de llamarte, no sabría ni que decir para justificar el haberte despertado y no sé si eso sirva de algo. Si pudiera pronunciar un "Te echo de menos" ¿Podrías volver? Lo estoy dudando y eso me aterra aún más que estar con las luces apagadas tendida en el piso como si no tuviera juicio, pensar que el último beso que me diste no lo aproveché lo suficiente y no puedo recordar si el sabor era de un adiós o un hasta luego, por eso es que quiero encender el coche e ir a buscarte, pero tengo una balanza en la cabeza donde por un lado está mi dignidad y el otro el suplicarte, con una no obtengo nada y con otra puede que lo tenga todo.

¡Ya no sé qué estoy diciendo! La falta de sueño está haciendo estragos con mi vida o eres tú quien sigue haciendo de mi a su antojo, culpa mía el permitirte envolverme en tus ojos, siempre fue una trampa eso de jugar a mantener la mirada. Tonta yo que caía hacia a ti sin poner resistencia. Te hacías experto en mí y yo seguía siendo la misma novata en ti, pero estoy aquí, debatiéndome entre la vida y tomar las llaves del coche, escribirle fin a este texto o dejarlo en puntos suspensivos esperando una palabra tuya, que continúe la segunda parte o la quinta si así lo prefieres.

No quiero cerrar este libro, me falta poner tu nombre a la dedicatoria, nos faltan capítulos que quedaron en borrador, dijiste que los llenaríamos y yo ilusa lo creí todo.

Ya son las 5:00 am, estoy aún con el separa hojas en esta página de suspenso, tú decides si coloco un punto final o una coma...

(Colgó)

Entiendo.

Te veo en todos lados

Lo que fuimos se resume en dos simples frases:
"Una mirada dice más que mil palabras" y
"El corazón tiene razones, que la razón no conoce"
Esta última es tan acertada, pues busco la razón por la cual te sigo
escribiendo, y la verdad es que lo desconozco.

Te veo en todos lados, no sé si porque en verdad te has plasmado en todos
los sitios o es que yo tengo la necesidad de verte hasta en las grietas del
camino.

Te vi en aquel chico que me vendió un café en la mañana, también te vi
en ese otro que me pasó una talla 9 en una boutique del centro, te vi entre
la multitud de gente haciendo fila para pasar al cajero, te vi en el vecino,
si, el del piso de arriba, y por si fuera poco te veo en cada cita que tengo
aún sea con distintas personas.

¿Todo me recuerda a ti, todos tienen un poco de ti o todos son como tú?

Cada persona que conozco le busco un pedacito tuyo, algo que me haga
sentir que sigo contigo, un rasgo, un color, un gusto, un libro, una camisa,
lo que sea pero que lo hayas tenido tú, solo así siento que te extraño menos
o tal vez solo así siento que sigues conmigo.

Te veo en todos lados y a veces ya no quiero ¿Cómo voy a olvidarte a este
paso? ¿Cómo se supone que uno deja de amar en un mes o un año? ¡Dime
dónde conseguiste ese libro de pasos para olvidarme que te juro lo estoy
necesitando contigo!

«Que corto es el amor y que largo el olvido» Recuerdo haber escuchado esa frase de Pablo Neruda ¡Cuanta verdad! Y que cruel realidad, pero ¿Si el amor fue largo? ¿Qué queda para el olvido?

Tal vez es mentira y solo le han llamado olvido al amor en pausa sin un tiempo determinado o puede que sea un don del cual evidentemente ¡Sí que carezco!

Una mujer bicolor

No, no era necesario esconder tu piel.
No tenías que ocultarme las marcas de tu cara
con tintes cafés,
no era necesario esconder tus brazos,
tampoco tus pies.

Me apena que tantos meses
hayas maquillado la mitad de tu cuerpo
pensando que te rechazaría por ello,
que todo este tiempo te hayas cubierto con ropa de frío
suponiendo que si sabía la verdad
no iba a querer estar contigo.

Aquel hombre que te dijo que esto era un defecto
el cual debías esconder,
no sabe lo que significa realmente tener una mujer,
pues la belleza va más allá de la piel blanca,
la piel morena o ambas a la vez.

No todos pensamos de esa manera,
no todos los hombres vemos lo superficial,
pero sí de mirar la apariencia se trata,
yo no veo en ti fealdad
¡Eres hermosa con todo y tus mapas en el vientre!
No temas ¡Qué si existimos hombres diferentes!

¿Qué es una mancha blanca comparado con la forma de tus labios,
con la elegancia de tus rizos, o del café de tus ojos responsable de mis
insomnios?

Tener Vitiligo, no te hace menos mujer,
no te quita sensualidad,
no disminuye tu belleza ni tu capacidad de transmitir calidez.

No te avergüences de ti,
que así eres perfecta,
así has cautivado a más de diez.

Esto no es un defecto,
es una diferencia,
si gustas, tómalo como cualidad,
entiendo que la ignorancia en la sociedad es tan grande
y muchos difícilmente te entenderán,
pero mírame a mí
que te he visto no solo con los ojos físicos,
sino también con los del corazón,
y a ellos no se les puede engañar,
y tú, mi hermosa mujer bicolor
eres belleza por dentro y por fuera,
solo basta que tú lo creas.

No quieras ocultarte,
mucho menos para atraer los ojos de un hombre,
siéntete completa con o sin pareja,
ámate a ti misma
y quién no se atreva a conocerte solo por ese detalle,
no merece ni a la mujer más perfecta en la faz de la tierra.

Diferente chico, el mismo bar

Y ahí está ella,
el mismo bar y un chico diferente,
queriendo llenarse de caricias
para dejar de sentir que ha quedado vacía,
«como si ella fuera un recipiente».

Se embriaga entre cervezas y tequila,
bebe para tomar valor y no por gusto,
lo veo en sus ojitos cada que se fruncen entre trago y trago.

Vuelve a caer en ese círculo de amores de una noche,
pero esta vez,
siendo ella la que escapa,
sin dejar nota,
sin dejar el teléfono y sin decirle si volverán a verse.
Se ha dado cuenta que una noche no le llena,
que la resaca no es lo peor que siente por la mañana,
que un adiós no lo borran otros labios,
un clavo no saca a otro,
y el amor propio lo va regando entre los moteles cada vez que se
desprende de sí misma para buscar eso que llaman «olvidar».

Es la chica que se pone su mejor labial
para dejar un obra maestra en una espalda
desconocida,
solo quiere sentir que alguien le dice que si, que si es bonita,
que el vestido le va bien,
y que se quede cinco minutos más.

Cree que otras manos se llevarán las de alguien más,
que tarde o temprano dejará de ver el mismo rostro si conoce otros
diez...

Y vuelvo a verla una vez más
otro chico

el mismo bar.

Cuando entenderá...

Las palabras son las únicas balas que te piden permiso
para entrar.

Un pecho menos te hace más
(Cáncer de mama)

Ella ya no se sentía hermosa,
ahora anda siempre con ropa por la habitación.
Ya nada es como antes, que al llegar a casa
prefería abandonar la ropa pues siempre me repetía cuanto le estorbaba.

Ya no se mira tanto al espejo,
no me deja llevarla a cenar,
no logro hacerla dar un paso fuera de la puerta,
me dice que nunca quiere volver a usar un vestido.

Su maquillaje se está caducando
y sigue intacto,
su plancha para el pelo se está empolvando en aquella repisa
y ¿Su perfume favorito? Añejo en el tocador,
no ha sido atomizado desde que salió de cirugía.

¿Qué te ha pasado amada mía?
¿Acaso sientes que tu belleza no es la misma?
¿Un seno fue capaz de llevarse tu sonrisa y para el colmo tu corazón también?

Escúchame, léeme,
ponme atención y cree mis palabras
que no las digo por los años que has estado conmigo,
tampoco las digo sólo por levantarte el ánimo,
las digo porque es la verdad y tú más que nadie debes saberlo,
donde quiera que vas robas miradas,
y ¡Mira que no solo los hombres te regresan a ver!

Ni si quiera se han percatado
de aquello que sientes que hace falta.

Tu porte de dama, esos ojos color avellana
que han sido protagonistas de tus infinitas pasarelas al ir por un café. ¿Tu cabello?
Espera un poco, que pronto estará como antes,
aun así, déjame confesarte lo hermosa que luces con esos turbantes.

Mi vida,
¡Mírate! Que a ti no te hace falta nada
¡Por Dios! Tantos años luchaste por seguir en pie,
yo veía la valentía en tu rostro,
tú querías vivir ¿Qué ha cambiado ahora?
¿Acaso aquel maldito tumor que te quito horas estando en esa sala de quimioterapia también se ha llevado tu alma?

Una guerra como la que llevaste no la vence cualquiera,
solo alguien de espíritu y corazón fuerte
¿Por qué derrumbarse ahora que
ha llegado la calma?

Ya no le dediques más lágrimas
ni más noches en vela,
habla conmigo,
que te repetiré hasta el cansancio cada parte que de ti me encanta.

No has dejado de ser mujer,
no has dejado de causar deseo,
juro que si yo encuestara uno a uno
que hacia ti desvía la mirada
rompería en celos de saber cuántos
en sus pensamientos te desnudan hasta el alma.

Yo te espero el tiempo que sea necesario,
no sé cuánto para ti dure este duelo;
aunque ya no quieras dormir conmigo,
aunque rechaces mis caricias,
aquí estaré en la habitación,
en cualquier hora de la noche puedes irrumpir mis sueños,
con gusto abriré los ojos y con amor te envolveré en besos,
solo quiero que regreses,
para mí no eres diferente
eres la misma
pero mucho más fuerte.

Aquí te espero.

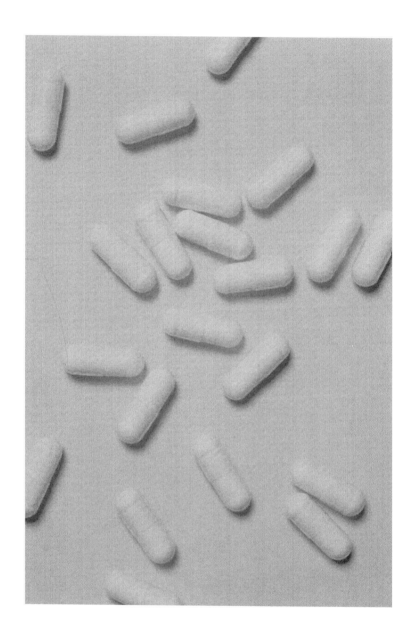

Costumbres/Rutina

Dicen...

que la costumbre es mala,
que la costumbre acaba con el amor.
Llevo años escuchando que no hay nada peor
para una relación que la rutina
y, sin embargo,
nunca hice caso pues
¿Qué tenía de malo acostumbrarme a ti?

Y ahora mírame, acostumbrada a tus besos por las mañanas,
acostumbrada al perfume que usas en cada reunión de trabajo,
acostumbrada a tus abrazos cuando el día va mal,
tus comidas especiales los fines de semana,
me acostumbré a ver tu ropa colgada en el closet,
confundirme y usar tu shampoo olor a menta,
me acostumbré a compartir la almohada,
a no robarme toda la sábana,
me acostumbré a dormir del lado izquierdo
porque a ti te gustaba el derecho,
me acostumbré a tomar café contigo en la terraza,
escucharte reír, escucharte hablar,
acariciar tu cabello por la mañana
y a tus playeras que son mi mejor pijama.

Estoy tan acostumbrada a ti,
a tu desorden,
a tus manías,

tus canciones ruidosas y nostálgicas,
a usar tus calcetines cada vez que no encuentro los míos.
Ahora no consigo asimilar mi vida sin todas esas cosas
¿Cómo podría hacerlo?
¿Cómo me deshago de tanto?

Si tus huellas están en la almohada,
en el control remoto,
en mi peine y ¡hasta en el traste de alimento para gato!
Tus huellas están en todo mi apartamento

¿Será posible olvidar todo de la noche a la mañana?
Si, escuché que la costumbre era mala,
aún no sé qué tanto,
pero estoy segura de que acabar con ella sería quitarme un pedazo de
alma.

Estoy tan acostumbrada a ti
y tal vez algún día esto me cause dolor (ojalá que no) pero
¿Sabes algo?

No me arrepiento.

No vi, no sentí, no hablé, no viví.

Nunca vi como los demás vieron, veía siempre lo más pequeño, el raspón de la esquina, la rasgadura por la mitad, no pensaba en la pintura, pensaba en cómo fue, por qué fue, dónde sucedió, cómo terminó aquí, por qué está allí.

Nunca sentí como los demás sintieron, o sentía demasiado para llorar a huracanes por nada o sentía muy poco como para querer reír por una tragedia.

No hablé como otros, porque pensaba más rápido de lo que mi boca podía pronunciar, por lo tanto, poco se entendía mi idea, parecía tonta, como si estuviera, pero no estuviera, incontables veces me decían "tú vives en otro planeta", y no sabía si decir "si" sería arrogante o si decir "no" sería una mentira.

No viví como otros vivieron, me abdujeron seis meses de mi vida, recuerdo poco de cuando tenía quince años, pero también las cosas que más me marcaron fueron a los quince años.

No caminé, ni soñé, ni bailé como todos lo hicieron, porque caminaba más despacio, soñaba más veces con los ojos abiertos y bailaba con todo objeto inanimado que no se quejara de mis extraños pasos con canciones que todos dicen que no se bailan.

Fui todo lo que un niño no busca en otro, algo así como un pequeño monstruo uraño que sale cada cierto tiempo en busca de una galleta y regresa al escondite. Esa regla prohibida de las madres a sus hijos;

no le hables,
no juegues con ella,
no nada ¿lo prometes?
Como si fuera a morderlo,
nadie estaba cerca de ser siquiera mi comida favorita en tiempos de
guerra.

No pude compartir mi cielo, ni mi comidita hecha de flores en trastecitos
de cerámica, no hubo quien encontrara mi escondite, ni quien me
desencantara en el juego.

Descubrí el mundo como si de carreras se tratara,
pero lo descubrí sola.

"Algunas veces me siento extranjera en la tierra, que podría decir que ando por la vida con identificación de residencia falsa"

Me han roto el corazón tantas veces, que ya dejé de
sentir dolor y me hice experta en suturar.

Cuando te encuentre

Aún no sé cómo ni cuándo será,
pero me gusta imaginarlo,
algunas veces siento que ya te quiero
y otras hasta siento que te extraño.

En los días lluviosos ya ansío estar abrazados mirando como las gotas resbalan por la ventana, espero sacar ya dos tazas de la alacena para servir el café y no solo una. Quisiera estar entusiasmada preparando cenas románticas una noche cualquiera en el comedor de la casa, usando pijamas como el atuendo más formal para festejar nada.

Camino por las calles de la cuidad, miró tantos ojos y me pregunto si alguno de ellos serás tú. Observo la gente caminar y quiero imaginar que estarás por allí también buscándome al momento que yo busco entrelazar miradas esperando que se detenga el tiempo como eso que tanto mencionan en los libros.

Miro el reloj, pero este aún sigue su curso «me he equivocado otra vez» pero cuando te encuentre, sé que se detendrá hasta el movimiento rotatorio del planeta y todo lo que siga una órbita, se borrarán las voces externas, toda silueta en el camino y solo te veré a ti.

¿Cómo serás? ¿Qué color tendrán tus ojos? ¿Tu pelo será claro o será oscuro? ¿Cuántos lunares tendrá tu piel, la calidez de tu voz, tus manos? ¿Vivirás aquí cerca o nos tocará conocernos muy lejos?

Me pregunto si antes de acabar la primavera podré verte o será acaso que ya te he visto y no he prestado la atención suficiente.

Daría la vida esta noche para poder soñarte y jugar entre tú pelo, sacarte algunas risas, ser tu verano, tu invierno o tu otoño cuando lo necesites, ser un rinconcito de besos y caricias en las noches más solas, ser esa bandera de paz que busques cuando la guerra alborote tus días.

Cuando te encuentre, te escribiré mil cartas y en cada aniversario te leeré esta, para que recuerdes cuanto estuve esperando perderme en tus ojos y besar cada rincón que esconde tu ropa, porque aún sin conocerte, sin saber tu nombre o si hablamos el mismo idioma, he sido tuya, tuya desde que tuve sentido de existencia, tuya desde que me di cuenta que a mi mano le sobraba espacio para contener otra, tuya desde que supe que si en la cama cabían dos almohadas es porque alguien falta.

No sé si a esto se le llame imaginación, locura, delirio, escribirle a quien no se le conoce, pero siento que cada vez estoy más cerca.

Si cuando te encuentre no se para el reloj,
juro que yo lo hago.

Voces que fabrican sueños

¿Te has enamorado de una canción? ¿Del cantante? ¿De su voz? Yo me enamoré de los tres.

La escuché cantar y se volvió toda mi definición de música,
mis acordes inexplicables, el sonido que quería tener en mi despertador,
empeñaba mi vida por una canción al oído,
porque su voz era lo más parecido a la perfección
hecho notas afinadas
que desafinan poco a poco
 para seguir siendo una melodía llena de éxtasis
para mi cóclea.

Se había vuelto mi dosis de 3:45,
toda mi debilidad encerrada entre sus cuerdas vocales,
pues de ellas parecían salir todos mis sueños aun estando en silencio.

Porque hasta el sonido de su respiración ya era música.

Cualquiera se enamoraría de su voz,
era de esperarse,
pero yo estaba enamorado del chasquido de sus labios al entrecerrarlos,
de su parpadeo, sus muecas, sus latidos,
y yo el mejor crítico que no encontraba alguna crítica de la cual escribir,
con solo tomar el micrófono ya era arte
y ahora se ha colado entre mis letras para ser poesía.

Me dijeron que el humano posee cinco sentidos,

pero no la han visto a ella para darse cuenta de que tenemos muchos
más.

Sus movimientos hacen de mis neuronas
una fiesta de serotonina, dopamina y norepinefrina.

«Quédate»

Sé mi droga, mi narcótico,
mi alucinógeno,
que temo que si tus labios se sellan
pueda entrar en un síndrome de abstinencia.

Te fui infiel

Salí con alguien más,
una persona que creí haber olvidado
y quiero confesarte que en tu ausencia nos vimos varias veces
y para serte sincera...
me atrapó,
el corazón se me aceleró,
me sentí tan viva
¡Tan libre!
Con ganas de no volverla a soltar nunca,
comerme el mundo a mordidas,
viajar, reír, gritar, volver a amar.

Ya no sabía lo que era ir a bailar una noche de viernes,
mirarme al espejo y amar el reflejo.

Desempolvé algunos vestidos que me hiciste dejar de usar
a base de mentiras,
pues tú te empeñaste en hacerme creer
que yo no era suficiente,
que los años estaban acabando conmigo,
las citas ya no estaban a nuestra altura
¡Y que equivocado estabas!

Volví a la tienda de libros, estuve allí por horas leyendo sinopsis hasta
convencerme de comprar al menos tres, esto para ti era pérdida de tiempo
y de dinero mucho más ¡En qué momento fui a creerte tal tontería!

Me hiciste a tu antojo,
una mujer insegura,

con poca autoestima,
llena de miedos,
con la mirada agachada

¿Quién podría amarme?

Yo era terrible, me lo decías una y otra vez.

Escondido entre palabras entrabas a mi subconsciente, me trabajabas mi mente a tal grado que cubría los espejos, apagaba las luces, no quería verme ¡Cuánto me odiaba! (Eso fue antes)

No pienses que quise tomar venganza,
sé que tampoco te amas,
pero compadecerte no me detuvo, te fui infiel
¡Y no te imaginas con quién!
Sé lo mucho que detestas a esa persona,
mil veces has tratado de alejarla de mi vida
convenciéndome que no me convenía,
pero caí y mereces saberlo.
Mi intención no es lastimarte,
solo que llegó en momento de debilidad,
de confusión, de necesidad, de soledad.

¿Recuerdas esas noches donde no llegabas a casa?
Aprovechábamos el momento y salíamos hasta que el sol asomara nuevamente por el cielo, día tras día volvió a atraparme, reinició mi corazón y mi forma de ver la vida, me desnudó cada lazo atado a tu manubrio como marioneta.

El amor no se alimenta de promesas sin fecha,

terminan siendo ilusiones

y mientras el minutero siga corriendo,
de ilusiones no se puedo vivir.
El tiempo no perdona,
pero espero me perdones a mí,
porque me voy, con la persona con quien siempre debí quedarme:

Yo.

Así es vivir con depresión

Despiertas...
y ni siquiera puedes moverte, porque pesas más de lo que dice la báscula.

No ha salido el sol y ya quieres que termine el día solo para volver a dormir y sentirte inexistente; es la única manera de olvidarte de todo y que las horas se pasen pronto, porque esperas que el tiempo lo cure todo o eso es lo dicen y descubres que es lo contrario.

No entiendes para que vivir si tú no quieres, la vida debería ser decisión, pero todos te dicen que agradezcas haber despertado y la verdad es que agradecerías más el no haberlo tenido que hacer nunca.

Tu cuerpo no te responde, te sientes cansado aun estando en cama, tu voz está estancada, tal vez hablas, pero sientes que ya no te perteneces; Has dejado de dar órdenes y alguien más toma el control de ti y desconecta ese lazo entre tu mente y cuerpo, y no entiendes ni cómo vas a poder explicar esto porque ¿Cómo van a entenderlo? Si ni siquiera tú puedes hacerlo.

Antes de salir, tomas una máscara que te ayude a sobrevivir a ese infierno donde nunca hay sol y siempre es invierno.
Finges que todo anda bien pues de nada sirve expresarlo ¡A nadie le importa! Y si te preguntan ¿Cómo estás? Es por rutina, en realidad no quieren saberlo y es mejor quedarte callado a que te llamen loco y lo peor es que tienes miedo de creerlo así que trazas esa mueca en el rostro que todos llaman sonrisa. El diccionario te dice que "sonreír" es el resultado de la alegría y en tu caso es el resultado de no querer parecer un enfermo mental ante la gente.

Algunos creen que estar deprimido es pasar el día llorando, pero cuando en realidad lo sientes, llorar queda en segundo plano porque ni para llorar encuentras sentido, solo estás vacío, eres un disfraz sin nadie dentro. Te miran y creen que allí estás, pero nunca estás, te sientes ausente de ti, ni siquiera puedes encontrarte y traerte de vuelta y llegas a pensar si alguna vez fuiste alguien.

Sacas las fotos viejas y es imposible recordar que había antes de esto porque ahora estás muerto, aunque aún sigas viviendo, las cosas que antes te alegraban ahora son insignificantes porque tú tampoco significas algo.

«estás así porque quieres»

Ya perdiste la cuenta de cuantos te lo han dicho, por eso te alejas de todos para evitar comentarios idiotas donde creen que te haces heridas por decisión propia cuando son dos viviendo en un cuerpo. Tú solo quieres correr a esa cosa que te controla porque estás harto de ti, de eso ¡De todo! y en defensa propia terminas lastimándote con lo que tengas en frente y piensas que así se irá, a veces funciona y crees que has ganado, pero regresa solo para que te des cuenta de que eres un estúpido y que nunca ganaste, solo te mutilaste.

Te miras al espejo y solo hay desastre, una basura, una escoria. Quieres gritar, pedir ayuda, pero ¿Para qué?

Si ni tú te quieres.

Se hace un círculo vicioso donde te dañas, te das cuenta, te arrepientes, pero después crees que lo mereces.

Cada día luchar se vuelve un atentado suicida, una película en cámara lenta donde tampoco tienes el valor de acabar con tu vida, pero tampoco de vivirla.

«Estás así porque quieres»

Y si tal vez seas tú el culpable por abrirle la puerta, por creer que tú tenías el control de todo, que solo eran días malos y pronto pasaría, pero ¡No! nunca tuviste el control de nada, ahora eres el ratón en el laberinto donde no encuentras la salida porque ni para eso sirves, y te acorralas en un rincón a rogar que todo termine y a tratar de recordar que te llevó a esto, pero ni eso puedes hacer bien. ¡No sabes que te preocupa! ¡Lo tienes todo!
¿ENTONCES QUÉ?
¿QUÉ TE FALTA?
¿CUÁL ES EL PROBLEMA?

«Vivir»

Vas al médico y te indica que señales dónde te duele ¿Cómo le explicas que te duele el alma?

Te da un frasco de pastillas que te ayudarán a sentir mejor y solo te mantienen sedado donde lejos de ayudarte empeoran todo, y miras el calendario, han pasado 6 meses y lo único que recuerdas es que has estado aquí en estas cuatro paredes.

¿Por qué a ti no te funciona?
¿La dosis está mal?
Y entonces tomas otra y otra
y...
otra

¿Ya qué puede ser peor?

Una persona deprimida tiene tres opciones:
1.- Buscar ayuda profesional
2.- Esperar a que la muerte venga por ella
3.- Apresurarla.

¡Yo te quiero vivo! Por favor, si solo no puedes, busca ayuda.

Ella no sabía que era bonita

Ella era esa chica que irradiaba luz por las calles. Esa chica que 4 de 5 hombres regresan a ver (El quinto no lo hizo porque venía al teléfono, sino seguro que volteaba).
Esa chica que te hacía olvidarte de todo, aunque tuvieras el peso del mundo en los hombros pues sus ojos eran océano y en el agua todo peso es menos.

Sus mejillas coloreadas, su cabello castaño, sus ojos expresivos, todo totalmente diseñado con paciencia, que quisiera escribir sobre la perfección, pero cometería un error por exceso de adjetivos.

Mírala, tan distraída e inocente,
cree que nadie quiere robarle el corazón,
pero todos estamos haciendo fila por ello.

Se ha visto tantas veces al espejo que seguro ya no nota que toda ella es magia, esa magia sin truco, que nunca se resuelve, que te deja boquiabierto cada vez que vuelves a verla porque no existe lógica que explique tanta complejidad en una persona de un metro sesenta.

Muchos dicen que ella es un verso
y yo creo que es toda la poesía hecha carne y hueso
junto con todos los errores existentes para llamarse poesía.

A ella le da igual equivocarse, caminar mal, caerse, bailar sin ritmo, inventar palabras o comer con las manos, cree que es una más, pero la realidad es que no hay más y solo es ella.
La chica que todos quieren para una noche,
esta noche,

la siguiente y la del resto de la vida.

Dormir sería un desperdicio a su lado ¿Quién quiere soñar si a lado está el sueño respirando y latiendo?

Ella no sabe que es bonita, aunque lo escucha a menudo y yo no sé quién se encargó de hacerle creer que no y no me interesa saberlo, pero los años que me queden y que se me permita estar a su lado, me encargaré no de que lo crea, sino de que lo sienta porque que injusto es que de todo el mundo lo vea excepto ella.

Mamá

Mamá, la primera palabra que aprendí a decir, la que más he repetido y la que aún necesito antes de dormir reflejada en mi pantalla con ese mensaje de "Cierra bien la puerta, descansa".

Mamá, sé que me dijiste que cuando fuera adulta podría hacer lo que quisiera, pero lo único que quiero es regresar hace 10 años y darme bofetadas para tragarme las palabras de que fuera de la casa todo sería distinto, cuando la libertad la tenía allí contigo. Un cajón de abrazos interminables acompañando del pegamento que se compra a las 9 pm en Domingo para unirme las piezas que el mundo me ha despegado poco a poco, porque el mundo lejos de ti se hizo una guerra armada, donde día a día esquivo balas.

Me dijiste que cuando creciera entendería todo, sigo sin entender...
¿por qué no me serás eterna?

Me insistías que querías que fuera alguien, alguien fui desde que me dijiste te amo cuando estaba en tu vientre, tan segura de que te escuchaba, y te cuento que yo escuche todo, porque cuando me dices te amo siento que estoy en un sitio calentito con el corazón rodeado de ese plastiquito de burbujas ¿Sí sabes cuál? Ese para proteger las cosas frágiles.

Mamá, me dijiste que me preocupara por ser bella por dentro y no por fuera, porque la belleza con los años se acaba, te miro y solo pienso que me has mentido, porque sigues siendo la mujer más perfecta en cada soplo de velas.

Mamá, me dijiste que todos teníamos un ángel de la guarda que está allí cuidándonos y que no podíamos ver, creo que todo era una trampa, porque siempre te vi a ti detrás de la ventana esperando curarme las rodillas raspadas.

Mamá, yo siempre supe que Santa Claus eras tú, pero temía más yo en decirte que te había descubierto porque te emocionaba tanto mantener el misterio.

Mamá, gracias por elegirme a mí cuando se fue papá. Todos decían que una madre sola no podría con tanta responsabilidad, que seguro su hija terminaría mal y entonces le demostraste al mundo que "imposible" es un invento de la cobardía y que para ti no van las cosas a medias.

Decían que una familia no se componía de dos, pero en nuestra casa había más amor que en toda la cuadra junta, así descubrí que el Amor no es cosa que se guarda en el pecho, sino que se continúa hasta el cielo.

Hubo tanta gente, que nada apostaba por mí, y tú te jugaste todos los bienes por creer a ciegas que yo era una estrella.

Mamá, yo no sé si después de esta haya otra vida, pero si Dios me concede un deseo solo te quiero a ti en cada una, con todos tus errores, y tus sandalias voladoras.

Mama, nunca pienses que vas a molestarme, búscame aún a las tres de la tarde, para que te enseñe a poner tu foto en el WhatsApp o mandarle un emoji a alguien, háblame con esa actitud de cuando era adolescente donde solo gritabas mi nombre, aunque no necesitaras nada y solo querías saber si allí estaba.

Mamá, eres todo ese conjunto de magia que el universo reúne para crear otra galaxia.

Quisiera grabar todas nuestras llamadas y ponerlas en una alta voz universal para que la tierra sepa de qué va la paz mundial.

Mamá...

GRACIAS.

Vacío (Carta de un mujeriego)

Un cuervo al acecho de un corazón desnudo,
frágil,
vulnerable,
un animal solitario en busca de una presa fácil.

Todo eso dicen que soy...
y estoy de acuerdo.

Un hombre vacío
buscando llenar ese hueco
con caricias a base de engaños
o de bajo presupuesto,
cuerpos en movimiento de una mentira
con azúcar que ha arrojado mi lengua,
lágrimas de odio por irme antes de que amanezca,
maldiciones en mi nombre cuando apago el teléfono.
Soy ese recuerdo por olvidar cada primero de enero.

Un corazón roto
buscando trozos que me ayuden a repararme
pero a mi paso dejo otros diez heridos de gravedad
y de ellos no estoy seguro si son tan fuertes o si tomarán la misma
dirección que yo para intentar sanarse.

"Desgraciado"
escucho entre susurros,
pero por error nací con más gracia de la que hubiera pedido,
una labia sin guion pre escrito

que me ha dado el poder de hacer y deshacer a una mujer a mi placer.
Un profesional en el arte de mentir
capaz de fingir amor por colarme en distintas sábanas.

"Ganador"
me dicen otros
¿Cómo puede un ganador sentir tanta miseria en el pecho?

He estado en miles de camas,
pero en ninguna he soñado.

He estado en cientos de brazos,
pero ninguno me ha reconfortado.

He probado mil labios,
pero ninguno ha repetido mi nombre sin sentir rabia.

He visto tantos cuerpos desnudos,
pero ninguno he vuelto a vestir.

He dicho tantas veces "Te amo",
pero nunca he amado.

He estado en tantas habitaciones
y ninguna ha sido mi hogar.

Porque como hombre lo tuve todo,
pero al llegar a casa no tenía nada.

El corazón te lo rompiste tú

Échame la culpa de tu inseguridad, de tu cambio de humor, de tus kilos menos.

Échame la culpa de tus insomnios, de tus nuevas arrugas.

Échame la culpa de tus enojos, de tu odio por los hombres, de tu desconfianza, el miedo de volver a amar.

Échame la culpa de tu mal carácter, tu frialdad, tus errores, los amigos que perdiste, tus mal pasadas, tu nueva cuenta de Facebook.

Échame la culpa de tus trastornos, del tiempo perdido, tu Paroxetina diaria, tu baja autoestima, de contaminar el ambiente al quemar las fotos.

Échame la culpa de lo que quieras
¡Tú decidiste amarme sin siquiera amarte!

Yo nunca te rompí el corazón,
te lo rompiste tú.

La p*ta de la familia

Nací hace 22 años, una familia tradicional donde el hombre lleva el mando y la mujer solo se dedica al hogar, sin reprochar, dice que sí a todo y se deja humillar. Bien les hubiera venido un varón, pero nací yo, porque más que traer alegría solo traje preocupación, preocupación porque tarde que temprano iba a crecer y tendrían que cuidar todo aquello de la "virginidad".

Entrar en esa competencia estúpida de la familia llamada "A ver a quién le sale embarazada la hija primero" y el otro llamado "Mi hija es más decente que la tuya"

Pobre criatura ¡Dónde fue a caer!

A los cinco años en una cena familiar a mi prima y a mí nos preguntaron: ¿Qué serán de grandes? — Médico— Ella respondió —¡Quiero cortar el pelo! —Respondí.

Causé bastante risa, yo no entendía, pero no saben cuánto admiraba a la señora que cortaba mi cabello cada 3 meses.

A los seis años, nos volvieron a preguntar: ¿Qué serán de grandes?
Ella respondió "Médico" y yo ahora decía que quería ser policía.
—¡Pobre niña! No sabe lo que quiere—Burlonamente dijo mi tío.

¿Qué podía saber yo a esa edad sobre lo que quería? Pero al parecer ellos esperaban que sí.

Reunión tras reunión yo cambiaba de parecer: astronauta, actriz, cantante, directora de cine, escritora. ¡Y siempre lo mismo! Burla tras burla y halagos a mi prima porque ella "Era muy madura a su corta edad" ¿Un niño maduro es causa de orgullo?

Fue a los 8 años cuando escuché "¡Cuidado con tu hija! Es bastante extrovertida, no te vaya a salir embarazada".

Esta se hizo una expresión cotidiana a mis oídos, mientras más crecía más aumentaba la presión, yo reflexionaba que era malo hablar con los demás, ser "extrovertida" estaba mal, ellos usaban la palabra "sobresalida".

Mi abuelo una vez dijo "Una mujer callada vale oro", y tontamente, también yo quería valerlo, así que procuraba ante ellos estar en silencio, hablar era malo, ser curiosa era malo, querer ser cantante era malo, todas mis ideas eran malas «¡Cuida a tu hija! Va de mal en peor».

Mi mamá solo callaba y algunas veces pienso que tal vez lo creía, no es su culpa, es la familia con la que creció.

Tenía 12 años, iba camino a tomar mi transporte con un compañero, me encontré a mi tía y solo se limitó a mirarme de arriba abajo como si hubiera visto la cosa más sucia, quise ignorar, pero días después entre voces decían que yo "Ya andaba de puta" ¡Pero no era sorpresa! Todos sabían que tarde o temprano lo sería, bien se lo habían advertido a mi madre, ya se me veía desde hace años. Tener un amigo era faltarme al respeto y por lo tanto en la competencia yo estaba abajo.

"¡Te lo dije!" Repetían. "¡La tienes bien maleducada!"
"Deberían castigarla" "A este paso no terminará la secundaria"
"¿Por qué no es como su prima?
Tan seriecita y callada".

Yo tenía una carga en mis hombros, y aunque no me interesaba eso de tener novio, sentía creerles, quizá yo si era la oveja negra, no podía dejar que mi mamá siguiera sintiendo que hacía un mal trabajo conmigo, siempre la juzgaban por estar divorciada, no podía ser yo otra razón más para hacerla sentir peor. Me esforcé por llevar buenas notas a casa, salir en cuadros de honor, pero a nadie le importaba, yo solo era una puta de 12 años.

Mi abuela cada que tenía la oportunidad me repetía la importancia de la virginidad: "Si no eres virgen, ningún hombre te va a querer, una mujer virgen vale más, una mujer que no es virgen está sucia"

Me prometí no dejar que ningún hombre me tocara, no quería defraudar a nadie, "Yo debía seguir teniendo valor". Y aunque yo era fiel a esa promesa, nadie lo creía, mi abuela me decía que mi ropa olía a hombres, que si dormía al llegar de la escuela era porque venía drogada, que Fulanito me vio en tal lado con no sé quién.

15 años tenía cuando perdí la virginidad en contra de mi voluntad. El trauma de que alguien te posea a base de violencia ya era horrible, pero yo solo pensaba «Les fallé, no valgo nada, estoy sucia».

Mi abuela seguía repitiéndome cuanto valía una mujer virgen, y yo cada vez con más peso en mis hombros «Tal vez si era una puta ahora» Exploté y se lo dije. El silencio invadió la sala. Dudé que me entendiera, haberle dicho esto a ella era haberlo hecho ante un megáfono.

¡Y qué creen! Ellos omitieron la palabra "violación" solo saben que yo ya no soy "Virgen", perdí el concurso, yo me busqué mis males, desde chiquita se me veía lo indecente, culpa de mi madre por no educarme. ¡Siempre lo supieron! Ahora solo lo confirmaron: "Soy la hija, la sobrina, la nieta, la puta de la familia"

Fue bonito…
mientras mentías

Mi yo de la noche vs mi yo de la mañana

Mi yo de la noche, siempre es un desorden,
un ático con recuerdos de primavera y un pino de navidad,
cartas por montones y cenizas de otras más,
frascos de lágrimas amargas
y una gran capacidad de volcar el mundo hacia ninguna parte.

Mi yo de la noche, no conoce límites
y tampoco entiende que ya es bastante tarde para mandar un mensaje,
y su facilidad de decir secretos que había jurado guardar,
sí que me deja boca-abierta,
y de su habilidad de crear problemas en plena madrugada
no quiero hablar.

A las dos de la mañana se le activa el botón de sinceridad
y nada bueno pasa después de las tres,
se embriaga de nostalgia,
llena de palabras la PC
y, por si fuera poco, se enamora con todo intento fallido de labia,
porque en su cabeza siempre ordena toda frase mal redactada,
se ilusiona más que un niño en noches de invierno
y se recita punto a punto recuerdos de hace tres eneros.

Si te platico de las lunas llenas...
¡Qué puedo decir!
Se le va el agua a la cabeza y explota de extremo a extremo de cualquier
punto cardinal entre nostalgia y felicidad.

Crea más enredos que audífonos en el bolsillo,
le preocupan cosas que ya había solucionado
y llora por cosas que ni han sucedido.

Y... Mi yo de la mañana,
tiene que reparar todo lo que hizo mi yo de la noche,
poner de vuelta al mundo entre Venus y Marte,
regresar la luna a su sitio porque seguro que se la ha bajado a alguien.

Mi yo de la mañana tiene un equilibro emocional nivel Dalái Lama,
toda crisis existencial vuelve a cobrar sentido a las ocho de la mañana,
para las diez ya ha convertido el huracán en sereno,
la era de hielo en verano
y cuarto para las tres ha dejado en claro su situación sentimental
complicada a estable sin trastornos bipolares.

El té de Valeriana se queda en último lugar si de nervios pacíficos se
trata porque trae el modo zen activo tanto como sus ojos después de un
café expreso tomado de golpe.

Y no sé si es el sol,
la luna o mi ritmo circadiano es un estudiante de teatro,
porque de día resuelvo lo que de noche repito que no tiene arreglo.

¡Quién va a entenderme si ni yo puedo!

No es una chica de revista

No es el tipo de chica que las revistas pudieran llamar hermosa.
No usa la ropa en tendencia,
prefiere seguir con el suéter del invierno pasado
y los jeans descosidos que para ella es el mejor conjunto
en estas tardes de verano.

El maquillaje no es su fuerte, aunque diario lo intenta,
esa línea entre los pómulos sigue sin entenderlas,
al final siempre opta por el mismo labial rojo,
el cabello despeinado
y esos lentes tan grandes que le llevan la mitad de la cara.

Sus medidas imperfectas, perfectas para ella.
Se mira al espejo, se avienta un beso y sonríe;
con eso basta para decir que la seguridad arrasa con todo
y cien coronas de miss galaxia.

No es el tipo de chica por la que todos hacen fila esperando un cambio
de situación sentimental en la red,
su vida no está escrita en línea,
las indirectas no le van y ningún estado es personal.

Ama las novelas de amor y pocas veces lo admite,
dice que lo suyo es el terror,
pero prende una luz por las noches pues ella
y oscuridad no han tenido la oportunidad de hablar
y solucionar sus diferencias.

Tiene la sensualidad de pies a cabeza desde su forma de caminar,
de mirar, de morderse los labios para conseguir algo,
y guiñar el ojo para decirte «gracias».

¡Joder! No sé qué valor han tenido para dejarla ir,
ella es todo ese golpe de suerte que pasa una vez cada que vives,
que ya no vuelve, porque prefiere irse con el corazón sangrando
que volver a poner los ojos atrás.

Ella pasa y con ella va todo el huracán arrancando de raíz el sueño,
porque lo que toca lo mueve de manera irracional
pues en sus manos está toda la tercera guerra mundial
y a la vez el tratado de paz viajando en su órbita.

Es la chica que no aparecería en una revista,
porque la seguridad
y el estereotipo nunca han sido amigos.

Me divorcié de un hombre bueno

Me divorcié de un hombre bueno,
trabajaba seis días a la semana,
pero al llegar a casa
se comportaba como amo
y yo su esclava.

De "Idiota" no me bajaba,
y de más gritos e insultos
ya estaba acostumbrada.

Me divorcié de un hombre bueno,
jamás faltaba nada en el hogar,
se hacía cargo de cada desperfecto
y siempre me llevaba en coche bueno,
pero a sus hijos los trataba como desconocidos.

Me divorcié de un hombre bueno,
salíamos de vacaciones cada invierno
pero tuvo una hija con otra mujer
estando casado conmigo.

Me divorcié de hombre bueno,
me compró un auto,
pero no me permitía hablar con nadie,
me reprochaba mis amistades,
me daba hora de llegada,
revisaba mis cosas como detective

buscando pruebas del delito,
delito que él había cometido
y seguro pensaba que yo también.

Me divorcié de un hombre bueno,
tenía bien vestidos a sus hijos,
 pero solía usar su la piel para marcar a heridas
su odio ante la vida.

Me divorcié de un hombre bueno,
tenía un puesto importante,
respeto y admiración por mucha gente,
títulos pegados en la pared,
de los mejores sentidos del humor en las reuniones,
pero en casa mi admiración ya no tenía,
la educación la olvidaba,
conmigo no reía,
yo era su sirvienta,
su enemiga, su objeto,
tantas cosas,
pero no su esposa.

Ahora estoy en boca de todos:
 "Seguro lo dejó por otro"
"No merecía a tan buen hombre"
"Quería seguir viviendo como soltera"

Todos veían la sonrisa que le dábamos al mundo,
pero nadie estuvo para ver mis noches armándome de valor
entre cada maltrato para poder dejarlo,
nadie escuchó las amenazas constantes diciéndome
"Si me dejas, te quedas en la calle"
"Si me dejas, te quito los niños"

Juré estar con él hasta que la muerte nos separé,
pero él ya había muerto desde antes,
pues el hombre con el que me casé
es diferente del que me divorcié.

Mamá, hay un monstruo en mi puerta

Mamá, hay un monstruo en la puerta,
viene a verme cada noche cuando el silencio inunda la casa
y las luces se apagan.

Mamá, hay un monstruo que me observa en la puerta,
da pasos sigilosos a mi habitación
acercándose a mi cama.

Mamá, el monstruo cada vez está más cerca,
descubre mis sábanas
y me hace un gesto indicándome que me mantenga en silencio.

Yo no quiero guardar silencio,
quiero gritar
y entonces el monstruo tapa mi boca y me dice que no tenga miedo,
que no pasará nada, todo será un juego,
que no le diga a mamá,
que todo será secreto.

Mamá, yo si tengo miedo
y cada vez más.
El monstruo me hace sentir sucia,
me deja marcas escondidas en la piel,
marcas que el agua no borra
y que el tiempo no puede deshacer.

Mamá, dices que los monstruos no existen,
que solo están en mi cabeza,
mamá, yo no hablo del que vive en el armario,
ni del que está debajo de la cama,

Mamá ¡Ellos también le tienen miedo!

Mamá, ayúdame.

No eres lo que dicen de ti

Sé que a lo largo de tu vida te han dicho mil cosas sobre quién eres: feo, tonto, inútil, poca cosa; Sabes de lo que hablo, y... tú les has creído, porque un día al espejo te viste como lo mejor del mundo y al otro día ni siquiera podías reconocerte porque tu mejor amigo te dijo que no eres tan bueno como creías, tu esposa te dijo que eras más guapo antes, te enteraste que tu novio le escribe a otra chica y le dice que es mejor que tú, tu padre te dijo que nunca lograrías nada, tus amigas hablan de lo zorra que fuiste por besar a un chico en el bar.

Lo sé, los amas y por eso les creíste, pero ellos no pueden decidir quién eres tú, sus palabras no te van a forjar a su antojo, tu pareja no tiene cadenas sobre ti, tus amigos nunca te conocerán completamente y tus padres también se equivocan.

Deja de repetirte sus palabras,
deja de programar tu cerebro a la mediocridad,
deja de decir "Yo no puedo".

Una vez leí que el subconsciente no sabe de bromear y lo que digas de ti eso será, por eso deja de sentirte miserable, de limitarte, de compadecerte. Mírate al espejo; eres lo que tú has decidido ser ¿Qué ves? Si no logras ver algo bueno, pídete perdón, reconcíliate contigo, que en este mundo serás lo único que te quede cuando todos se vayan, nadie más te dará la mano para levantarte realmente, nadie podrá amarte tanto como solo tú puedes.

Cada día repite cuanto te quieres, al principio puede y no te lo creas, pero con el tiempo volverás a reprogramar lo que has permitido que los demás hagan contigo. Así es, porque las palabras son las únicas balas que te piden permiso para entrar.

Sonríe, perdona, ama, da sin recibir nada, sueña en grande, tanto que te de miedo, llora, explota, cáete, pero levántate no para demostrarle nada a nadie sino para demostrarte a ti que imposible es lo que no se intenta.

Cuando vuelvas a verme (no seré yo)

Cuando vuelvas a verme no seré yo, seré otra.

Mi libro favorito,
mi canción de alarma,
mi tinte de cabello,
mi léxico
y hasta mi mirada será distinta.

La niña que alguna vez estuvo contigo
ahora creció de golpe.
Tarde o temprano tenía que pasar y pasaste tú,
esa lección que te da la vida
para volcarte 160 grados boca al espacio,
disparando mi plan de datos al doble,
saturando mi memoria interna
y explotándola con un troyano.

Tenías que llegar tú,
como personaje de alguna profecía
para demostrarme
que los "por siempre juntos"
la mayoría de las veces son mentira.

Que creer que el primer amor es el de verdad
es más fantasioso que el viaje de la segunda estrella a la derecha,
o que la corriente australiana me dejará a unos pasos de un dentista
con un pez payaso a punto de saltar a la vida por un lavamanos.

Pintaste mis paredes de gris y me enseñaste que mentir con
profesionalidad puede resultar más "Don que defecto".

Fuiste tan hijo de puta al hablarme de amor cuando sabías que esto tenía
dirección hacia ningún lado.
¿Diversión, pasatiempo y sexo?
¡Tan fácil era hablar claro!

Y aunque ahora me duele,
y me escuecen hasta las células
voy a salir de esto,
con coraza nueva al corazón,
medidas de seguridad antirrobo,
y una trinchera de refugio para cualquier atentado terrorista,
porque con más gente como tú,
repartiendo palabras bonitas con profesionalidad en el engaño,
uno ya no sabe.

No todos los hombres son malos y las mujeres también violan

Siempre se le culpa al hombre de la violencia, estamos saturados en redes sociales del famoso patriarcado, gritando a los cuatro vientos que los hombres son malos y que en la mujer está el cambio.

"Educa a tu hijo para que respete a la mujer"

"Educa a tu hijo para que no vea con morbo a una niña que viste de falda por el calor"

"Educa a tu a tu hijo para que no sea un violador, secuestrador o asesino"

Nos meten tanto la idea de que el varón debe recibir mayor educación, pues "por naturaleza" él quiere poseer.

La mujer la víctima que sería incapaz de atentar contra el cuerpo de alguien más... ¿Difícil imaginarlo, cierto?

Te quiero contar algo, que, aunque es una historia vieja, cada vez me asquea más platicar; Sé que muchos lo tomarán mal, otras se indignarán y creerán que solo existe en películas, sentirán todo un golpe de realidad, pero siento que no me lo puedo callar más, pues yo, siendo mujer, me violó no una, sino dos mujeres.

Tenía 2 años y ellas entre 15 y 16, eran las vecinas de enfrente, chicas hermosas, de aparente buena familia, estudiantes que ayudaban en el trabajo del hogar.

Ante los demás me trataban como una pequeña hermana, terminaron haciéndola de niñeras, y despidiéndome a besos cuando era hora de marcharme, el problema era cuando nadie las veía, se abalanzaban sobre mi cuerpo para tocarlo a su antojo, besarme, susurrarme palabras de mierda y hacerme sentir sucia.

«¿Dos años dices, en verdad recuerdas?»

Sé lo que estás pensando, y sí, claro que recuerdo hasta el más mínimo minuto de tortura, recuerdo bien cómo me sentía sucia a pesar de no entender nada, poco hablaba, pero claro que pensaba, y siendo ignorante en este tema de la sexualidad, sabía que lo que me hacían estaba mal.

De mañas, ellas sabían por montones, me amenazaban con una bruja, una máscara hecha de papel maché, me encerraban junto con ella por varios minutos hasta que no aguantaba más y escuchaba entre insultos: "Si le dices a tu mamá, te volveremos a encerrar". "Si le dices a alguien más, la bruja se llevará a tu mamá"

En mis pequeños hombros recaía toda una lucha por salvarme y salvar a mi madre, estaba en mi cuerpo mantenerla con vida «pensaba» y mi mente en una manera de protegerse, me autodenominaba superhéroe, ellos soportan todo y yo no sería la excepción.

Tal vez, si a esas jóvenes también les hubieran enseñado el valor de una vida, de su prójimo, que no tienen poder sobre nadie más, que los niños no se tocan, que los niños no se violan, que no es no, quizá todo hubiera sido distinto, pero el hubiera no existe, así que aquí estoy para decirte a ti, mamá y papá: "La maldad no reside en el sexo" ambos necesitan la misma educación, no importa que las estadísticas señalen por mucho a los hombres, piensa en la minoría, que a este paso ¿Quién niega que un día puedan rebasar las estadísticas?

La guerra no es cosa de género, ninguno es más inocente que el otro, ninguno es más bueno que otro. Ambos pueden desencadenar todo un cataclismo y ambos pueden ser partícipes de darle otro giro al mundo.

Y a veces una historia puede ser un buen comienzo.

Dispárame

Dispárame ¡Vamos, hazlo!
Ya tienes el revólver cargado,
yo misma le puse las balas,
yo misma te puse municiones inagotables en los bolsillos.
Yo me puse justo en el blanco.

Apúntale al corazón,
que no lata más y que deje de dolerme.
Que no quede nada de él,
que problemas ya me ha traído desde siempre.

Solo tú y yo sabemos lo que pasó cada noche de noviembre,
tú y yo sabemos,
aunque más tú,
cómo deje de ser mía
para que te quedarás con cada esquina de mí,
hasta las que ni yo conocía.

Fui un libro con páginas ilustradas
para que me entendieras mejor,
te di cada uno de mis latidos,
y hasta los extras que me causa la taquicardia.

¿Qué esperas que no disparas?
Dime ya que no me quieres más en tu vida,
que fui menos que pasa tiempo,
que a tus labios le dejaron otro sabor,
que en tus ojos ya no queda más espacio

donde pueda entrar yo.

¡Dímelo! que tus letras ya dejaron de describirme
y que en tus desvelos ya no pronuncias mi nombre.

Dime ya que tu almohada no me reclama más
y que hasta tu gato se recuesta ya en otros brazos.

Dispara,
llévate hasta los recuerdos,
que vivir
yo no puedo con ellos.

¿Qué esperas?

Pienso más de lo que hablo,
hablo menos de lo que debería,
y escribo proporcionalmente a los latidos de mi
corazón
¿Mencioné mi taquicardia?

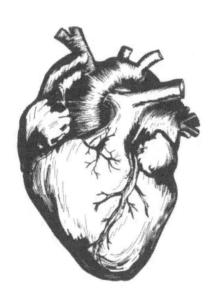

Lo juro

No hay nada que yo no haría por verte sonreír.

Olvidaré mi dolor,
omitiré los problemas
y daré hasta mi último aliento por hacerte ver
que en medio de la hostilidad
y aunque parezca que solo hay iniquidad hasta debajo de las piedras,
aún existe algo bueno por lo cual vivir.

Aunque caigan cientos de granadas,
y la ciudad se inunde de balas,
se destruya la casa
y cada muro del país,
sacaré fuerzas de lo que en mi reserva queda
para que no te falten mis brazos al dormir.

No tengas miedo,
que mientras viva te protegeré
y me inventaré mil cosas para que sigas soñando,
secaré tus lágrimas,
repararé tus alas,
y aún allí, en mi última sístole,
en la última sinapsis de mis neuronas,
que Dios me dé el coraje para que te lleves mí,
mi más grande sonrisa,
el mejor de mis abrazos
y lo mucho que te amo.

No cuestiones,
no reclames,
volveremos a estar juntos
en ese castillo que te prometí.

Lo juro.

Fotografía: Emad Nassar (bath time in Gaza) - 2015 SIRIA

¿Por qué escribo?

Yo no decidí escribir,
la poesía tocó mi puerta,
entre susurros mencionaba mi nombre
arrancándome el sueño.

Como mujer caprichosa se interponía entre mis actividades,
quiere ser el centro de mi atención,
que mi mundo gire en torno a ella,
le encanta llegar a las 2 am y hacer estruendo por toda la habitación
«Despierta, despierta»
sus palabras ya me resonaban como triple galote
resbalando por la cóclea.

Sufría, lloraba, tan terca,
tan loca, tan bella, tan...
Ella.

¿Cómo negarme? sonrojada con epiforas me miraba
«escúchame» me senté y la dejé volar libre desde Wernicke hasta Broca,
me recitó su historia más inocente y también la más oscura,
tomó control de mi mano cual síndrome de la mano extraña,
se apoderó de todas las áreas de Brodman;
accedí,
solo quiere un cuerpo físico,
caminar con mis pies,
llorar por mis ojos,

gritar de mi boca...

Comencé a escribir sin meditar las palabras
o preocuparme por tener coherencia,
las lágrimas brotan al escribir aquella historia,
el corazón se me desgarra como si lo hubiese vivido.
No sabes cuántas veces voy por la calle llorando solo porque
a la muy descarada se le ha ocurrido hacerme compañía
mientras alborota mis lóbulos cerebrales.
Se apodera de mi visión para perderme de la realidad
y mostrarme una especie de película sin sonido,
la gente te mira con desconcierto...
¿Cómo explicarles?

¡Ay de ti dónde decidas ignorarla!
Ella toma sus maletas,
sale sin billete de vuelta,
te volverás loco al ver la luna salir,
tu taza de café ha quedado vacía
y ella no ha llegado,
la buscarás hasta debajo de la arena,
entre las olas,
en las esquinas del cuarto menguante
y en los cráteres de la luna llena.

Tu cesto se llenará de bolas de papel con letras vacías,
sin ella ni un solo renglón puede tener vida.

Mira que yo lo he aprendido a la mala,
pero conoce la piedad
y una madrugada volvió conmigo,

Entre letra y letra,
me envolvió,

me hizo suya,
pero ella no es mía,
ni yo soy el poeta,
no son mis palabras,
soy su instrumento,
el médium entre lo irracional y lo verosímil.

Silla eléctrica

Quisiera nombrar un octavo pecado capital,
uno que te puede escocer tanto las células
porque te da justo en su punto de ebullición.

¡Dadle silla eléctrica a
quién entregue el mismo
poema a dos Amores!

Falacia más grande
sentir las mismas palabras
con distintos corazones.

Ninguna caricia es igual de suave que otra,
ningún beso te sabe ni siquiera similar,
y hasta en la manera de herirte el corazón
uno siempre se nombra peor que la anterior.

Inspirado en frase de @Neorrabios

Los domingos son para olvidar

El domingo y su manía de comenzar con aroma a recuerdos
desde que las manecillas apuntan las 12,
me empapa de fotografías viejas,
videoclips en cámara lenta que solo se reproducen en mí.

El domingo y su fama de invitar a «olvido» a casa,
que el lunes llega «nuevos propósitos»
donde se te susurra al oído que es momento de cambiar todo
y que solo entre esos dos días se puede presionar el botón de reiniciar.

Porque los domingos se hicieron para recordar
y hacer aviones de memorias y soltarlos al aire,
comprar boletos de tren a primera hora,
sin maletas y sin voltear atrás.

Por eso, el domingo desde madrugada romperé la dieta,
esa de no nombrarte más
y esta vez juro será la última.

Sacaré las notas y esa caja tonta donde solía guardar postales con aroma,
vaciaré el armario y todo lo que me haga pensarte,
quemaré las cartas,
lloraré hasta la última lagrima
y gritaré hasta el último aliento que suspiré por ti alguna vez.

El domingo borraré las conversaciones,
iniciando con las que decidí guardar en aquel teléfono viejo.

El domingo será la última vez que toque ese suéter que dejaste en mi
recámara.

El domingo dejaré de extrañarte,
dejaré de escribirte poemas sin antes dejar un último
(quien quita y sea este).

El domingo me despido de ti a ciegas
porque tampoco es mi idea volver a verte.

El domingo escucharé todas las canciones que nos dedicamos
y las pensé en hacerlo.

El domingo... me atreveré a decirte adiós,
a ti, a mi ilusión de que todo vuelva
y a todas estas cosas que me traen pasada de vueltas.

El domingo menos pensado lo haré,
no sé de qué mes o qué año,
¡total! todas las semanas se me da un domingo de oportunidad.

De los 365 días se me dan 52 oportunidades, pero de qué será un
domingo, estoy segura.

Querida extraña:

No sé ni cómo comenzar esta carta, tengo más de un sentimiento hacía ti, creo que debería de comenzar con todo lo bueno ¿No?

La verdad es que te pienso mucho en todo lo que pasamos, y en como extraño poder decirte "Eres la mejor amiga" porque por más patético que suene, lo eras. Sentía que contigo nada me faltaba, que tenía la mejor compañía, la mejor persona para confiarle un secreto.

Una vez te platique lo mal que me va con las personas ¿Lo recuerdas? Te dije: "no vayas a dañarme"
y ¿Qué me contestaste? "No seas tonta, eso no sucederá".

Yo...
Confié en ti, te dije mis debilidades, te mostré mis defectos, mis cicatrices, mis recuerdos más dolorosos y tú... tomaste nota, y me golpeaste justo en esa herida que mil veces te dije cuánto me estaba costando sanar.

Estuve una y mil veces para ti, te di mi tiempo, mi cariño, te confié mis secretos y mis más oscuras historias, sequé tus lágrimas, te tendí la mano cuando todos te abandonaron, eras la hermana que yo elegí, y que fácil para ti fue tirar todo a la basura e ir hablando cada página de mi vida con ciertas añadiduras de tu autoría. También yo podría destruirte ¿Lo sabes? Pero no lo haré pues jamás quiero ser como tú.

Por favor no me pidas que te entienda ¿Qué voy a entender? ¿Tus mentiras y tu menosprecio? ¿No fui suficiente para ti?

pero entonces ¿Qué es suficiente? ¿Tan importante era para ti darme la espalda para ser aceptada por los demás? ¿A qué costo? ¿Herir a quién tanto te quería fue un buen precio?

No quiero que creas que te estoy reprochando, pero si quiero que sepas estas palabras porque me duele decírtelas a la cara. Te deseo toda la felicidad del mundo, me quedaré con la persona que fuiste porque ahora eres simplemente...

una extraña.

Posdata: Te jactas diciendo que la falsa fui yo, De ser así no estaría escribiendo desde lo más profundo del corazón. (Sé que esto llegara a ti)

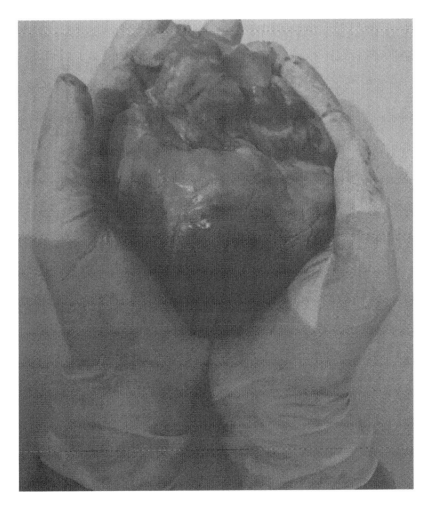

Y estas heridas que tu ves, me ponen orgullosa
al final.

Dijiste:

Que me amarías toda la vida, y debí haber supuesto que era mentira, pero decidí creer que nuestra historia era diferente, que tú eras distinto, que todos se equivocaban y que los amores de cuentos de hadas si existían.

Tu "por siempre" duró 4 años mi "me quedo otros diez minutos" Era para toda la vida.

Veneno en el corazón

Él tenía azúcar en la boca, sabía formar oraciones perfectas que me hacían creer que en verdad sentía amor. lo vi llorar al irme de su lado, y me habían dicho que cuando un hombre llora al decir algo, es real, entonces yo le creí todo, sus caricias, sus cartas, pero él tenía algo más que azúcar en la boca, él tenía veneno en el corazón.

Hay caricias que te ponen chinito el corazón

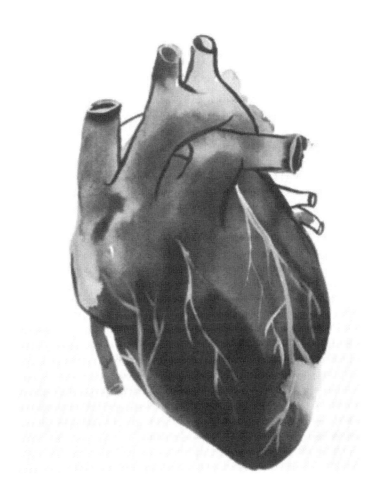

Me dijeron que no era poeta

Me dijeron que no era poeta
porque mis palabras no tenían sentido
¿Qué tiene sentido en un mundo donde explotan más bombas
que globos con agua?

Me dijeron que no era poeta
porque era muy joven
¿Dónde puedo leer sobre la edad permitida para escribir poesía?

Me dijeron que no era poeta
porque no estudié literatura
¿A ti, quién te dijo que en la medicina no hay poesía?
¿Has leído sobre la inmunidad?

Todo un mundo medieval donde hay un gran ejército
capaz de dar su vida por defender a su rey
¿Arquitectura? Elaborar un plano de un gran edificio en la imaginación,
llevarlo a físico y en pocos meses caminar por sus pasillos,
palpar cada muro y descubrir que los sueños si son tangibles.

Dime el oficio o profesión que quieras, siempre que se haga con el
corazón cada día será una expresión artística...
¡Espera un momento! ¡Así también se define la poesía!

Me dijeron que no era poeta
porque no tenía un género definido
¡También quisiera tenerlo!
Pero es que cuando tengo las teclas de frente

las palabras salen solas y entonces tener una etiqueta queda en segundo
plano.

Me dijeron que no era poeta
porque no escribo sobre una mujer perfecta.

Todos merecemos un poema,
mi vecino, mi gato,
el anciano que tiene nubes en los ojos,
la mujer que venció el cáncer,
las arrugas de un párpado afligido,
la madre que espera un bebé,
la que lo perdió también, los errores,
las certezas,
los ojos grises, los cafés,
la piel blanca, la piel negra o ambas a la vez.

Yo puedo ver poesía donde todos han visto una simple grieta.

Me dijeron que no era poeta
porque no respeto la estructura de un poema,
tengo una ola de emociones desordenadas en mi cabeza
que con magia he convertido en texto,
y ordenarlo sería hacer de un tornado una ráfaga de viento.

¿Te cuento un secreto?
quiero seguir siendo caos y no calma...
Tranquilo que todavía estoy hablado de palabras.

Me dijeron que no era poeta
porque escribo desde el computador,
las hojas están en mi habitación,

y allí solo puedo leerlas yo,
pero quería que las leyeras tú,
aunque sea para decirme que poeta no soy.

Me dijeron que no soy poeta
porque aún no he sacado un libro...

Pero lo haré

GILRAEN EÄRFALAS

Aquí está

"La poesía llegó
como
desfibrilador
a reiniciarme
el corazón"

A

Story Time

A la edad de 10 años comencé a entrar a concursos de poesía, donde no solo era escribir sino también interpretar. Estuve en 6 concursos, llevándome el primer lugar, así que solo estaba en la caza de más concursos, así fuera de cuento, de reflexión o lo que sea que tratara de escribir.

A la edad de 13 años llegué un poquito más lejos, a concursar para el estatal, donde me preparé demasiado. Mi maestra de español consiguió un profesor que tenía el primer lugar en poesía a nivel nacional para que me corrigiera el texto y me enseñara a modular la voz, movimiento corporal, etc.

El día del concurso, me sentía tan segura, tan preparada, sentí que lo hice mejor que nunca, mi texto trataba sobre los maestros que le cortan las alas a sus alumnos, es decir, cuando los ridiculizan por haber reprobado o por atrasarse en conocimiento con respecto a sus demás compañeros y comienzan a promover las etiquetas.

Yo veía las caras de todos, llegué a ver a mis maestros con la emoción en el rostro de que por primera vez una alumna representaba la escuela, pero...

perdí.

Y no solo paso eso; Uno de los jurados en frente de todo el público, tomó el micrófono, me miró y comenzó a decir lo terrible que lo había hecho, me comparó con una vendedora de productos charlatanes del mercado, en pocas palabras, me dijo que yo no servía para ello y que había hecho de la poesía un desastre. Recuerdo el silencio que se tornó en el auditorio, para después convertirse en risas y mis ojitos tratando de contenerse las lágrimas, haciéndome la actriz, que no pareciera que me estaba afectando. Di la vuelta y entonces vi a muchos chicos riéndose y burlonamente pidiéndome autógrafos.

Sé bien que no siempre se gana, la chica del primer lugar lo hizo precioso, lo merecía totalmente, pero no fue justo lo que ese señor hizo conmigo, pero el peor problema fue que yo le creí, cada palabra la hice mía y al salir solo me repetía "tiene razón, yo no sirvo", Me avergoncé de mi participación, de mi texto, de todo, me sentí la más imbécil por creerme buena en algo. A pesar de que el profesor que me ensayó me buscó y me dijo lo increíble que había estado, decidí darle más peso a quién me había hecho sentir basura.

Dejé los concursos, dejé de escribir, tiré un montón de libretas repletas de textos. Pero ¿Saben? No fue su culpa. Aunque sigo pensando "¡Qué terrible hombre!" (Porque nadie debería hablarte así) solo yo tenía la llave para abrirle la puerta a sus palabras ¿Y qué hice? Pues les di la bienvenida.

Pasaron muchos años para que nuevamente regresara a escribir (esa es otra historia)

Pero imaginen, si hasta la fecha me hubiera quedado con ese pensamiento de que yo no servía...
simplemente me hubiera perdido de todas estas cosas tan bonitas que me ha traído la poesía, la gente maravillosa que he conocido, los proyectos realizados y los que están a la puerta.

Y tal vez a ti también te ha pasado lo mismo. Nadie está exento de toparse con piedras con piernas que nos quieren hacer tropezar, pero los únicos que deciden los límites, son ustedes.

Está permitido caer las veces que quieras, pero prohibido encariñarse con el piso ¿De acuerdo?

DESFIBRILADOR

Esta obra originalmente se terminó de escribir en febrero
del 2019
Segunda edición: junio 2020

Manufactured by Amazon.ca
Bolton, ON